Salva tu matrimonio en 2 minutos

Salva tu
matrimonio
en 2minutos

Secretos sencillos para mantener vivo el amor

Heidi Poelman

AGUILAR

Salva tu matrimonio en 2 minutos

Título original: *The 2 minute marriage project*
Publicado en inglés por Familius LLC

Primera edición: febrero de 2015

D. R. © 2014, Heidi Poelman

D. R. © Diseño de cubierta: David Miles

D. R. © Diseño de interiores: Patricia Pérez Ramírez

D. R. © Traducción: Gabriela Vallejo Cervantes

D. R. © Fotografía de la autora: Jenny Hardy

D. R. © 2015, derechos de edición mundiales en lengua castellana:
Santillana Ediciones Generales, S.A de C.V., una empresa de
Penguin Random House Grupo Editorial, S.A. de C.V.
Blvd. Miguel de Cervantes Saavedra núm. 301, 1er piso,
colonia Granada, delegación Miguel Hidalgo, C.P. 11520,
México, D.F.

www.megustaleer.com.mx

Comentarios sobre la edición y el contenido de este libro a:
megustaleer@penguinrandomhouse.com

ISBN 978-607-113-653-4

Impreso en México / *Printed in Mexico*

Dedico este libro a Scott,
mi esposo y mi mejor amigo,
que me ha enseñado tanto sobre cómo amar
y sobre el gozo de ser amada.

Agradezco a mi querida familia y mis queridos amigos por haberme ayudado a darle forma a este libro con sus historias sobre permanecer enamorado. Mi agradecimiento a Familius –y a mi editor, Brooke Jorden– por su dedicación para llevar felicidad a las familias y por hacer este sueño realidad. Gracias a Susie Taylor, Bob Taylor, Kerry Hardy, Lindsay Poelman y Kent Griffiths por leer el manuscrito y ofrecer una retroalimentación tan útil. Y sobre todo, gracias a Scott por apoyar este proyecto, por darme tiempo para escribir, por compartir las lluvias de ideas conmigo, por revisar cada capítulo y por enseñarme tanto sobre el amor. Eres mi héroe, mi mejor amigo y mi inspiración. Esto sólo fue posible gracias a ti.

Índice

Prefacio

Vivimos en un mundo caótico que nos distrae con presiones y responsabilidades que parecen no tener fin. Cientos de cosas compiten por nuestra atención, estamos más conectados con gente, lugares e ideas que nunca antes. Sin embargo, en el matrimonio, muchas parejas comienzan a alejarse. Un buen número de ellas decide terminar la relación de una buena vez mientras que otras continúan viviendo juntas, infelices e insatisfechas. Nadie quiere eso de inicio. La mayor parte de nosotros nos casamos con la esperanza de tener una unión duradera y satisfactoria. Enamorarse fue fácil. Pero, ¿por qué permanecer enamorado es tan difícil?

Antes de casarnos, mi esposo Scott y yo leímos varios libros sobre el matrimonio para que nos ayudaran a prepararnos. Pero luego de caer en las garras de la vida real, de los trabajos, las facturas y los niños, me di cuenta de que los detalles de esos libros eran algo borroso. Apenas recordaba las teorías de manejo de conflictos, los patrones de diálogo y la constante abnegación, todo bueno y fantástico, pero quería algo más simple. Después de todo, el amor es simple, ¿no es así? Yo quería algo que pudiera usar regularmente para refrescar mis habilidades y conectar con la pareja –algo que pudiera describir con detalle las cosas pequeñas y simples que podría hacer cada día para fortalecer mi matrimonio. Quería los secretos sencillos. ¿Qué es lo que hacen las parejas felices para aguantar la prueba del tiempo?

Mi interés comenzó en el posgrado cuando, en cuanto tenía la mínima oportunidad, me dedicaba a leer estudios sobre la comunicación en el matrimonio. Encontraba fascinante que algo tan sencillo como pedir una opinión podía tener un efecto tan dramático en la sensación de justicia en una relación. No fue sino hasta hace poco que, luego de varios años de matrimonio y tres niños a cuestas, decidí acotar mis hallazgos y experiencias para hacer un libro que pudiera realmente ayudar a las parejas. Me puse a trabajar revisando los libros de los expertos más recientes, leyendo más estudios sobre el matrimonio y haciendo entrevistas a las parejas felices que han encontrado las herramientas cotidianas que funcionan en el mundo real. Yo también ponderé mis propias experiencias para destilar sólo aquello que me hace sentirme amada y enamorada. Mi conclusión fue refrescante y relevante para todas las parejas que quieran continuar enamoradas durante el resto del viaje. Y todo se resume a esto: las pequeñas cosas que pensamos, decimos y hacemos en el matrimonio crean el pulso que mantendrá vivo el amor.

Todos queremos cosas grandes: felicidad, compromiso, lealtad, amistad y pasión. Las cosas pequeñas y sencillas en el matrimonio son las piedras que construyen el camino para llegar ahí. Es la manera cómo él le dice a ella lo bella que está cuando baja de las escaleras y la manera cómo ella lo abraza en la puerta cuando él llega a casa. Es la manera cómo él le trae por sorpresa su bote de helado favorito y la manera en que ella lo llama para saber cómo le está yendo en su día. Es la manera cómo ella le pregunta si prefieren que las paredes se pinten de azul o de verde, o la manera cómo él la llama para avisarle que va a llegar tarde a casa. Es la manera cómo ella se ríe de sus chistes, incluso los que no son muy graciosos, y la manera cómo él la mira y piensa: "Soy el hombre con más suerte del mundo", aun cuando conoce sus defectos. Al crear un matrimonio lleno de pequeños gestos de afecto, respeto, gratitud y amistad, construimos el camino para el amor duradero y todas las grandes cosas que van con ello.

Ésta es la manera como los expertos matrimoniales resumen las cosas: el Dr. John Gottman, que ha estudiado a las parejas por más de treinta años en su "laboratorio del amor", escribe: "Ésta es la verdad sobre el matrimonio. Son las cosas pequeñas y positivas que, al realizarse frecuentemente, hacen toda la diferencia." El Dr. John Jacobs, terapeuta matrimonial y profesor de psiquiatría en el Colegio de Medicina de la Universidad de Nueva York, les aconseja a sus pacientes que quieren permanecer enamorados que simplemente vayan a casa con un regalito, que expresen su agradecimiento de corazón o hagan un halago sincero. Él explica: "La verdad es que no se requiere mucho para dar a tu pareja la sensación de que él o ella es muy importante para ti." Los investigadores matrimoniales Carol Bruess y Anna Kudak escriben: "Busca placer incluso en los gestos más pequeños, en los trabajos y en las rutinas de tu matrimonio. Ahí encontrarás las mayores alegrías." La periodista del *New York Times* Tara Parker-Pope revisó cientos de estudios sobre el matrimonio y llegó a la siguiente conclusión: "Lo que nos enseña la ciencia marital es que mejorar un matrimonio no requiere enormes cambios. Las parejas en los buenos matrimonios son buenas haciendo las cosas pequeñas."

Con este libro espero poder contarte una historia en la que el enamoramiento sigue vigente, una historia relevante y fácil, que toda pareja puede usar, desde los recién casados hasta los matrimonios que llevan décadas juntos. Éstas son las herramientas simples para construir una conexión amorosa y duradera. Son algunos pequeños consejos para el matrimonio que de hecho funcionan bien: fáciles de aprender, fáciles de recordar, fáciles de hacer y con gran impacto.

El título de este libro no sugiere que tener un matrimonio fuerte y amoroso sea fácil o muy rápido, pero los actos inconscientes pueden cambiar una relación. Este libro no es una serie de consejos sobre la cantidad de afecto que puedes lograr aplicándolos. El matrimonio es la relación individual más importante de nuestra vida y esa relación merece, todo el tiempo, el esfuerzo y la atención que podamos darle. Yo creo que se pueden tener citas de pareja regulares, salidas anuales, y pasar juntos todo el tiempo que la vida permita. Esta visión que podemos tener en dos minutos se fundamenta en una razón simple: en el caos y la distracción de nuestras vidas ocupadas, las pequeñas cosas pueden hacer una gran diferencia. Siempre lo han hecho.

Unas palabras para aquellos que piensan que los problemas de su matrimonio son tan grandes que ningún acto sencillo puede hacer una diferencia: este proyecto no es sobre un acto simple. Es sobre hacer intencionalmente las pequeñas cosas que afectan el ambiente de tu matrimonio con el tiempo. Cuando discutí por primera vez con un amigo escéptico la idea de escribir sobre las cosas pequeñas en el matrimonio, su respuesta inicial fue: "Bueno, eso es fantástico para la gente sana con relaciones sanas, pero es demasiado simplista para las parejas que tienen verdaderos problemas." Después de que le pregunté cómo es que él se sentía amado, se llenó de emoción expresando cuánto significaba para él cuando su esposa se sentaba a su lado, lo veía a los ojos y le preguntaba: "¿Entonces cómo te fue en tu día?" Sí, algunas parejas tienen grandes obstáculos en el camino. Pero con un compromiso para crear un nuevo camino de amor y perdón, las pequeñas cosas pueden cambiarlo todo.

Salva tu matrimonio en 2 minutos es un desafío para parejas de todos los estilos. Aprende cómo amar al otro cada día. Estos sencillos secretos son probablemente las cosas que te llevaron en su momento a enamorarte. Un abrazo en la puerta, una nota amorosa en el espejo, una expresión de gratitud, una disculpa sincera cuando las cosas han ido mal o una simple llamada para decir: "Hola"; éstas son las cosas que mantienen vivo el amor. Como echar combustible al fuego, estas conexiones pueden hacer que el amor siga ardiendo. Toma el desafío: tu matrimonio lo vale.

Primero viene el amor, y luego el matrimonio

¡Oh! ¡Ahora eres mía! ¡Por fin eres mía!

Pronto, en unos meses, tal vez,

mi ángel dormirá en mis brazos,

despertará en mis brazos, vivirá ahí.

¡Todos tus pensamientos, todo el tiempo,

todas tus miradas serán para mí; todos mis

pensamientos, todo el tiempo,

todas mis miradas serán para ti!

Victor Hugo, escritor y poeta francés

¿Recuerdas cuando te enamoraste? ¿Recuerdas cómo te sentiste cuando te diste cuenta de que al fin habías encontrado a LA persona? Probablemente la vida te pareció perfecta, de color de rosa y sabías que tu historia, contra todas las expectativas, terminaría en un "y vivieron felices para siempre". La noche en que mi esposo y yo nos conocimos en una parrillada en la universidad, nadie pudo separarnos. Estábamos totalmente embelesados. No pasó mucho tiempo antes de que estuviéramos enamorados por completo y no podíamos pensar en otra cosa que en estar juntos. Comenzaron los paseos románticos, las larguísimas llamadas por teléfono y la poesía amorosa que nos abrieron el camino hasta el día de nuestra boda. Claro que encontramos algunos baches en él (de hecho, uno muy grande fue resolver el miedo de acabar como nuestros padres, divorciados). Pero cuando prometimos amarnos siempre, la verdad es que literalmente no podíamos sentirnos más felices. Al parecer, es así como empiezan muchas historias.

¿Pero qué es lo que sigue después? ¿Qué le pasó a Cenicienta y a su príncipe cuando se acabó la luna de miel? ¿Él se fue a pelear grandes batallas y a perderse en los asuntos que le demandaba gobernar el reino? ¿Ella se dedicó a visitar a todos los nobles y organizar el próximo baile real? ¿La magia siguió existiendo?

Al parecer, permanecer enamorado es mucho más difícil que enamorarse. Poco tiempo después de que Scott y yo firmáramos los papeles, lentamente comenzamos a darnos cuenta de lo imperfectos que éramos ambos y no llegábamos a estar de acuerdo en todo. Incluso había veces en las que (¡gulp!) teníamos ganas de estar solos. Nuestra historia de amor empezó a contener menos magia y un poco de más planeación, desacuerdos, negociaciones, lavar platos, limpieza de la casa, pagar facturas y todas las cosas normales que componen la vida real. Permanecer enamorado es sin duda más difícil que enamorarse. Pero hay algo grandioso: nuestra historia de amor también creció al incluir más profundidad y más alegría con todas las experiencias que compartimos, los recuerdos y la comprensión que se desprende de juntar dos vidas en una sola.

Es posible lograr un cortejo feliz que puede soportar el paso del tiempo. Solamente requiere un esfuerzo sostenido y la comprensión de esa cosa enloquecida, sorprendente, transformadora y que hace que te dé vueltas la cabeza: el "amor".

El enamoramiento

Tan poco romántico como eso pueda sonar, el enamoramiento es una función biológica del cerebro. Tenemos todos los circuitos adecuados para caer bajo el hechizo del hombre o la mujer correcta. Los investigadores que han estudiado la química cerebral de los enamorados han encontrado que en esa fase nuestros cerebros comienzan a comportarse como la gente que sufre un desorden obsesivo compulsivo. Nos volvemos irracionales: no podemos dejar de pensar en nuestro amado. Nos llamamos con frecuencia, queremos estar con el otro el mayor tiempo posible y estamos totalmente encantados cuando nos vemos, aunque no hayamos estado separados sino una hora. Como lo señalaba George Bernard Shaw con gran sentido del humor: "Cuando dos personas están bajo la influencia de la más violenta, la más delirante, la más ilusoria y la más fugaz de las pasiones, se les pide que juren que seguirán continuamente en esa condición excitada, anormal y agotadora hasta que la muerte los separe."

Yo he estado ahí. Cuando vivimos la etapa más fuerte del enamoramiento, Scott y yo teníamos que estar juntos cada minuto del día. Cuando él se fue a un viaje de estudios a Londres (que por supuesto había planeado antes de conocerme), me envió una postal cada día. Nos escribíamos correos electrónicos y chateábamos por Instant Message cada noche. En parte, nuestra biología estaba empujándonos a estar juntos, y subconscientemente nos estaba motivando a conectar.

Pero seamos claros: yo creo que enamorarse es algo más significativo y especial, más allá de las funciones cerebrales. Es una de las partes maravillosas de ser humano, con todas las emociones que se enlazan y los sueños que se desprenden de ellas. Después de todo, la gente no se enamora todos los días. De alguna manera parece un pequeño milagro cuando una persona se enamora de otra y esa persona le corresponde. Como sucede en la canción de Barbara Streisand y Bryan Adams: "Finalmente he encontrado a alguien que me hace estremecer. Finalmente he encontrado a alguien que me hace sentir completo." Nunca en mi vida había encontrado a alguien que me hiciera estremecer como Scott. Y sí, enamorarse con LA persona es algo que debe celebrarse.

La realidad es que, a pesar de todo, no somos nosotros mismos cuando estamos en ese estado de arrobamiento. Nos perdemos en nuevos sentimientos de excitación y afecto. Los momentos de éxtasis del enamoramiento no duran demasiado. Los investigadores que estudian el efecto amoroso de la luna de miel indican que éste sólo permanece un par de años. Después de dos años de dicha matrimonial, la gente habitualmente regresa a lo feliz o infeliz que era antes de enamorarse. Y, a veces, terminan sintiendo cierta pereza hacia el amor, pues sus cerebros ya no reciben el estímulo suficiente. Como dicen en su libro *Haz más fácil tu matrimonio* (*Making marriage simple*) los consejeros matrimoniales Harville Hendrix y Hellen LaKelly Hunt: "El amor romántico se queda lo suficiente para llevar a dos personas a estar juntas. Después se va cabalgando hacia el atardecer." Desgraciadamente para muchos, el matrimonio no siempre es el "vivieron felices para siempre" que se ofrecía en el contrato.

Enamorarse es fácil. Nuestro cuerpo, nuestro cerebro y corazón están nadando en afecto. En las primeras etapas, esos sentimientos hacen que sea fácil mostrar nuestro amor en dosis regulares todos los días. Los compañeros pueden conectar sin esfuerzo por medio de abrazos cariñosos, llamadas telefónicas, cumplidos, sorpresas y cartas amorosas. En el matrimonio, los sentimientos amorosos comienzan a flaquear y caen. Pero los esposos han prometido amarse en las buenas y en las malas. Mi amiga Sarah me contó lo importante que ha sido ese compromiso en su matrimonio de veinte años. Me dijo: "El día que nos casamos Clint y yo, él me llevó aparte y me dijo 'No importa lo que hagas, nunca te dejaré.' Me hubiera gustado entender en ese momento el increíble regalo que me estaba dando." El matrimonio no es un certificado para garantizar los sentimientos del enamoramiento hasta que la muerte nos separe. El matrimonio es un compromiso para seguir amando.

¿Qué tiene que ver el amor con todo eso?

Actualmente en Estados Unidos existen 60 millones de matrimonios. Todavía amamos y queremos creer en el matrimonio. Nos gusta tanto el matrimonio que discutimos sobre lo que significa y quién puede practicarlo. Pero actualmente el matrimonio no es una institución floreciente. Los expertos calculan que solamente el 40 o 50 por ciento de las parejas permanecerán juntas. Las personas terminan con sus matrimonios cada día, y aquí está la parte triste: la mayor parte de la gente que se separa simplemente dejó de sentir el amor. Más de la mitad de las parejas que se divorcian tienen una relación que es "amigable pero indiferente". Básicamente, no sentían que eso funcionara. No sentían el amor. De acuerdo con los estudios sobre el divorcio, la mayoría de quienes terminan su relación dice que sencillamente perdieron el sentido de cercanía y que no se sentían amados o apreciados. Y muchas parejas que continúan juntas tampoco están satisfechas en sus matrimonios. De los que permanecen casados, las investigaciones sugieren que sólo la mitad se considera feliz.

¿Qué está pasando? La mayor parte de la gente, por lo menos en el mundo occidental, se casa porque está enamorada y quiere hacer una vida feliz con su pareja. Pero éste no siempre fue el caso. Por miles de años, el matrimonio no tenía que ver con el amor o con la satisfacción personal. La historiadora Stephanie Coontz dice que el matrimonio por amor no se dio sino hacia finales del siglo XVIII, cuando la Ilustración puso un énfasis en los derechos del individuo y la búsqueda de la felicidad. Antes de eso, la mayor parte de los matrimonios eran concertados por influencias externas que se verían beneficiadas por esa unión. Algo tan importante no podía basarse en "un aspecto tan irracional y transitorio como el amor". Durante la Ilustración, comenzó a darse una revolución en el matrimonio. Empezamos a verlo como algo que podía ser una relación privada con el potencial para ofrecer gran dicha a la pareja, sin importar la riqueza familiar o las alianzas políticas. ¿Pero cuál era el costo?

Permanecer enamorado

Así que la idea de un matrimonio por amor echó raíces. Decidimos que debería estar en nuestro control como individuos poder elegir con quién nos casamos, y hacerlo por nuestra propia felicidad y no por la de nuestras familias o de comunidades. Decidimos que el matrimonio podía ser la relación humana más importante y la fuente de nuestra mayor satisfacción en la vida. Pero como Coontz sugiere: "Las propias características que pretendían hacer del matrimonio una relación tan única y apreciada, abrieron el camino para hacer de él una relación opcional y frágil." Los matrimonios hoy están rompiéndose porque la gente deja de amar y el amor, supuestamente, era la fuerza que debería mantenerla unida.

El enamoramiento sugiere un estado en el que dejamos atrás el control. Nuestro cerebro está, hasta cierto punto, funcionando mal. Con el tiempo volvemos a ser nosotros mismos, pero nos encontramos con una posibilidad sorprendente: la de tener un amor duradero. Es un tipo de amor diferente, claro está. El amor maduro está menos relacionado con las llamas de la pasión y más con los carbones calientes del "afecto profundo, la conexión y el aprecio". El Dr. John Gottman, uno de los expertos mundiales en relaciones matrimoniales, a las que ha estudiado por más de treinta años, dice que la base de un matrimonio exitoso puede resumirse en una sola palabra: amistad. Las parejas felizmente casadas se respetan, les gusta estar con el otro y quieren su felicidad.

Y que un matrimonio llegue a evolucionar a una amistad afectuosa y profunda no tiene nada que ver con la suerte, y obviamente no sucede solo. Permanecer juntos hoy día exige un mayor esfuerzo del que requería antes. Con los años hemos perdido, como sociedad, el pegamento que ayudaba a las parejas a estar juntas. Por lo menos así sucede en las sociedades occidentales, ya no vivimos el tiempo donde la sociedad, cultura, costumbres, religión o gobierno hacían que dos personas quedaran permanentemente unidas. Ahora nosotros sólo estamos para hacer que esto funcione. Como dice John Jacobs, profesor de la Escuela de Medicina de la Universidad de Nueva York, el único pegamento que mantiene en la actualidad juntas a las parejas "es el que ambos han creado el pegamento de la satisfacción, la gratificación, el aprecio y respeto mutuo. El pegamento para el amor maduro".

El "pegamento" que nos permite seguir juntos está en lo que los terapeutas Harville Hendrix y Helen LaKelly Hunt llaman "el espacio entre las cosas". Incluso describen la física del espacio que hay entre dos personas como un campo de fuerza y energía. Piensa en lo que ves cuando miras el cielo nocturno con todos los planetas, estrellas y galaxias. Solíamos pensar que el espacio entre dos objetos estaba vacío; ahora sabemos que hay una fuerza entre todas las cosas, ya sea atrayéndolas o repeliéndolas. Este espacio entre marido y mujer es donde podemos tener impacto, ya sea creando un profundo cariño o un desdén de frustración. Ya sea que nos alejemos con tensión y negatividad o que nos acerquemos en un ambiente de conexión y afecto. Todo lo que hacemos afecta este espacio, para bien o para mal. Como dicen Hendrix y Hunt: "Cada palabra, tono de voz, cada mirada afecta el espacio que está en medio." Las pequeñas cosas tienen un gran poder para conectarnos o, por defecto, hacer que nos separemos. Constantemente debemos preguntarnos: "¿Qué estoy haciendo para afectar el espacio entre mi pareja y yo?"

¿Qué hay para mí en todo eso?

Pregúntate de nuevo: ¿Recuerdas cuando te enamoraste? ¿Recuerdas lo maravilloso que te sentiste? ¿Recuerdas los sueños compartidos y tus esperanzas para el futuro? ¿Recuerdas por qué querían unir sus vidas? Somos los capitanes del porvenir, los hacedores del pegamento matrimonial. Somos nosotros quienes decidimos si queremos hacer el esfuerzo necesario para crear amor real y duradero. Permanecer en el amor no es tan fácil o natural como enamorarse. Y permanecer juntos no es tan fácil como lo era antes. Construir una relación duradera requiere tiempo, atención y un esfuerzo deliberado. Pero no necesita de mucho tiempo. El esfuerzo de permanecer en el amor puede hacerse con pequeños pensamientos, con palabras y con acciones significativas diarias. Si lo hacemos bien, nuestra relación de pareja puede darnos la misma excitación gozosa que teníamos cuando empezamos a estar juntos como pareja, como almas gemelas y como mejores amigos. Por supuesto, si lo hacemos bien y de manera consistente, continuar enamorado de nuestra pareja puede ser la parte más feliz y satisfactoria de nuestra vida. El truco está en hacerlo incluso viviendo en el caótico mundo moderno que constantemente dirige nuestra atención hacia otra cosa.

Acciones a realizar en dos minutos

(para completar una vez y repetir muchas veces)

- Recuerda cómo conociste a tu pareja y qué sentiste cuando te enamoraste.
- Establece el compromiso de hacer lo necesario para continuar enamorado.
- Considera qué sentimientos quieres que ocupen el espacio entre tú y tu pareja. ¿Quieres sentirte amado? ¿Respetado? ¿Querido? ¿Valorado? ¿Cómo quieres que se sienta el otro? Escribe tus ideas.
- ¿Dónde quieres que esté tu matrimonio en cinco años? ¿Y en diez? Escribe tus objetivos para tu relación futura.

Capítulo 2

Momentos de dos minutos: por qué las cosas pequeñas importan tanto

"Son los pequeños detalles los
que son vitales. Las pequeñas cosas hacen
que las cosas grandes sucedan."

John Wooden, entrenador de basquetbol de la UCLA y
ganador de 10 campeonatos de la NCAA.

Amar a nuestra pareja requiere un esfuerzo consciente. Sin embargo, muchos matrimonios se dejan llevar por el caos de la vida y permiten que el amor se aleje. Tenemos competencias y recitales y fechas límite y políticas y agendas que respetar. Tenemos textos y *tweets* y una cantidad ingente de información lista para ser revisada. Tenemos sucesivas metas que hay que alcanzar, publicidad que nos bombardea y presiones sin fin para llegar a nuestros objetivos. ¿Cómo podemos recordar que debemos mostrar cariño a nuestra pareja cotidianamente cuando hay días en que casi no podemos vernos?

Para los padres, la batalla por el tiempo todavía es mayor. Ser padre se ha vuelto una tarea más complicada de lo que era antes, ya que padres y madres tratan de que sus hijos tengan una autoestima sólida y buenas posibilidades de éxito en la competencia vital. Ponemos a nuestros hijos de tres años en cursos de deporte y música, y los llevamos a campamentos, esperando que estén a la altura del hijo del vecino que aún hace más cosas. Deseamos desesperadamente que nuestros hijos tengan todas las ventajas, y queremos que sepan que los amamos y que haríamos cualquier cosa por ellos. Eso puede estar bien para los niños (o para la mayoría). Pero no es tan bueno para el matrimonio. Los estudios muestran que pasamos mucho más tiempo con nuestros hijos que los padres de generaciones anteriores, lo que deja menos tiempo para la pareja. ¿Qué es lo que los niños responden cuando los investigadores preguntan qué es lo que quieren? ¡Quieren tener padres más felices y menos estresados!

Yo puedo entender bien la transformación de un recién casado cariñoso y atento, a un padre distraído y ocupado. Scott y yo nos conocimos hace catorce años en una parrillada de la universidad. Un amigo mutuo nos presentó y no pudimos separarnos por el resto de la velada. En los meses que siguieron, me enamoré hasta el fondo. Hablábamos hasta altas horas de la noche, él me compraba rosas y me escribía poemas, salíamos juntos e íbamos a bailar. Todo era tan natural y sin esfuerzo como respirar… sólo que bastante más excitante. Nueve meses después ya tenía un anillo en el dedo y empezamos a discutir si queríamos la boda en agosto o en diciembre. El único punto en contra de diciembre eran las luces de Navidad, así que decidimos hacerlo en verano.

La boda fue perfecta, incluso con la lluvia que caía a borbotones sobre nosotros. Todos los demás corrían de árbol en árbol tratando de mantenerse secos, mientras nosotros circulábamos para tomarnos las fotos. No podía importarnos menos que estuviéramos empapados. De hecho, ni siquiera recuerdo que nos hayamos dado cuenta. Me dolían las mejillas de tanto sonreír al final del día. Él era la pareja ideal para el resto de mi vida y nuestra vida juntos sería todo rosas y luz del sol.

Como recién casados, aún estábamos completamente felices cuando comenzamos a adaptarnos a nuestra nueva vida. Nadie competía en casa por nuestra atención y nuestras únicas responsabilidades eran sacar buenas calificaciones en los cursos en la universidad y tener suficiente dinero para poder pagar nuestro departamento de 180 metros cuadrados y la comida para dos. Íbamos juntos a la escuela, tomábamos las clases juntos, hacíamos las compras juntos, comíamos juntos, leíamos los libros juntos y jugábamos juntos. Era fácil mostrar nuestro cariño de muchas pequeñas y significativas maneras.

Y muy pronto pasó una década y un poco más. Ahora las cosas son un poco diferentes. Las responsabilidades son muchas y el tiempo es escaso. Entre nosotros hay tres preciosos niños de menos de ocho años, tenemos una hermosa casa con una hipoteca y espacio para dos automóviles, mensualidades para pagar los automóviles, un nuevo negocio con toda la excitación y el estrés que eso implica, responsabilidades con nuestra iglesia y trabajo de voluntariado en la escuela, compras de víveres, comidas diarias y platos para cinco personas, juegos de futbol, citas para jugar, clases de danza y piano y tareas por hacer. No tengo que decir que el número de sonetos de amor que he recibido de un tiempo acá ha bajado dramáticamente.

Algunos días ni siquiera nos vemos más de diez minutos, mientras corremos en distintas direcciones. Él va a la oficina y al gimnasio. Yo hago ejercicio (en un buen día), escribo y me encargo del desayuno y de los niños. Trabajo duro en casa limpiando, lavando, doblando, planchando y encontrando momentos para sentarme y jugar con nuestros hijos. Qué regalo es tener una familia con una pareja a la que amo. No lo cambiaría por nada.

Pero aquí está la parte complicada: mostrar nuestro amor ahora requiere mucho más esfuerzo y atención deliberada que antes. Mucho más. Debemos estar haciendo las cosas bien. Todavía tenemos lo que afectivamente llamamos "hormigueo" cuando nos vemos al final del día. Y no es totalmente una cuestión de suerte (aunque ambos somos dos personas bastante alegres). Puedo decir que todavía somos los mejores amigos y estamos más enamorados ahora que el día en que nos casamos. En parte es porque nos concentramos en amarnos uno al otro de pequeñas maneras cada día.

Se requiere atención y en nuestro mundo moderno la atención tiene que estirarse mucho. De acuerdo con el Dr. Edward Hallowell, profesor de la Escuela de Medicina de Harvard por más de veinte años, y director del Centro Hallowell para la Salud Cognitiva y Emocional:

> Si no tienes tiempo de ponderar y maravillarte, si no hay espacios para acercarte y poner tu corazón en ello, entonces el amor comenzará a fallar, no porque sean una pareja errónea sino porque no ha habido suficiente concentración para que crezca el amor. La atención que se da y se recibe en la justa medida en un tiempo suficiente, que es una receta que varía de pareja en pareja, incrementa el interés por la otra persona, y el conocimiento que se tiene de ella, lo que se traduce en comprensión y empatía. La empatía mutua crea una conexión. Es imposible sobrestimar el poder de la conexión cuando se da al máximo. Dirige la vida. Pero no puede desarrollarse si la gente es incapaz de sostener la atención por mucho tiempo. Este obstáculo mundano –la distracción– arruina millones de relaciones potencialmente íntimas en nuestra época moderna.

Muchas parejas terminan cuando acaba la fase de la luna de miel de su matrimonio y se concentran tanto en el camino de cada uno, que olvidan una cosa simple: su relación necesita ser atendida. En la comedia romántica *Cómo perder a un hombre en diez días* (*How to Lose a Guy in Ten Days*), la escritora Andie Anderson tiene que escribir un artículo de lo que hacen las mujeres que llevan a los hombres a querer irse. Así que busca a alguien para tener una cita. Una cosa que hace Andie en su intento para que este nuevo chico tire la toalla es darle un "helecho amoroso". Andie le explica, de manera dramática, que la planta simboliza su amor y que deben cuidar de la planta como de la relación. Luego Andie finge estar horrorizada cuando descubre que la planta está languideciendo. "¿Has dejado morir nuestro helecho de amor?" La escena me hace reír, pero hay mucha verdad en esa metáfora. Un helecho o un jardín necesitan cuidado diario, y un matrimonio también.

Si eres como mi marido, te encanta hacer ejercicio y estar siempre en forma, hay otra analogía para ti: nuestros cuerpos necesitan ejercicio regular para permanecer sanos y sentirse bien. Si empezamos a ignorar las necesidades de nuestros cuerpos, podemos encontrar que estamos algo flácidos en algunas zonas, o comenzamos a sentirnos más cansados y agotados. Puede ser que se nos dificulte hacer los mismos esfuerzos y deportes que practicábamos antes. Si queremos ayudar a nuestros cuerpos a que se sientan y se vean lo mejor posible, debemos cuidarlos regularmente. Lo mismo puede decirse sobre el amor: las dosis diarias hacen que el sentimiento permanezca fuerte.

Aquí hay una última imagen. Imagina el amor en tu relación como un fuego. El fuego se prendió fácilmente con las chispas del enamoramiento. Al principio las flamas son grandes, intensas y brillantes, y así permanecerán por un tiempo pero, eventualmente, si el fuego se descuida, las flamas serán cada vez más pequeñas hasta que terminen por apagarse. En el matrimonio, actos amorosos simples y cotidianos son como leña en el fuego. Mientras más, mejor. La duración del fuego hará que los carbones permanezcan incandescentes y generen calor. Con el tiempo, disfrutarán del amor de un fuego duradero y mucho más satisfactorio que las primeras llamas que se encendieron entre ustedes. Ésta es la bendición del matrimonio.

Un matrimonio necesita esfuerzos diarios para ser duradero. No se trata de hacer un viaje al año para refrescar a la pareja (aunque soy una gran fan de salir de vez en cuando). Los actos sencillos y deliberados son suficiente. Algo tan simple como una nota amorosa, un saludo entusiasta en la puerta de casa, una expresión de apoyo, o un masaje de pies luego de un largo día para mostrar amor a nuestro esposo o esposa. Como dicen los investigadores matrimoniales Carol Bruess y Anna Kudak: "Aunque los actos pequeños de afecto puedan parecer insignificantes, la acumulación puede resultar en algo realmente significativo." Esas conexiones amorosas e intencionadas mantienen las llamas románticas vivas. Y todo empieza con algo tan simple como tus pensamientos.

Acciones a realizar en dos minutos

(para completar una vez y repetir muchas veces)

- Recuerda cada día que las cosas pequeñas, hechas consistentemente, tienen un impacto positivo en tu relación.
- Comprométete a pensar deliberadamente en hacer y decir las pequeñas cosas que te permiten mostrar el amor y conectar con tu pareja, creando un ambiente positivo en el espacio entre ustedes.
- Piensa en las pequeñas cosas que tu pareja ha hecho por ti, que te han hecho sentir amado. Escribe algo que significó mucho, incluso si entonces te pareció simple.

Capítulo 3

¿Qué estabas pensando? Todo es cuestión de perspectiva

"Un simple paso no constituye un camino en la tierra, así que un simple pensamiento no será un camino en la mente. Para hacer un camino físico, necesitamos caminar una y otra vez. Para hacer un camino mental, necesitamos pensar una y otra vez el tipo de pensamientos que queremos que dominen nuestras vidas."

Henry David Thoreau, autor norteamericano
y pensador trascendentalista

Un documental llamado *Feliz* (*Happy*) que vi recientemente busca explicar lo que da a la gente alegría en diferentes partes del mundo. El documental empieza con un conductor de calesa oriental en la India. Desde el punto de vista estadounidense, este hombre tiene una vida bastante difícil: lleva a la gente en su carro todo el día, en el calor, el frío y en la lluvia. Vive en una casucha con paredes de plástico. Pero cuando habló de la perspectiva de su vida, me quedé sorprendida de escuchar que, más que cualquier otra cosa, se siente bendecido. Como él mismo explicó: "Incluso si mi ropa se queda empapada con la lluvia, sé que va a secarse cuando corro con un pasajero detrás. Mi casa es buena. Uno de los lados está abierto y el aire fluye de manera muy agradable. Una lona de plástico cubre el exterior pero en un lado hay una ventana. Durante el monzón, tenemos algunos problemas con la lluvia que entra [en la casa]. Fuera de esto, vivimos bien." Entonces compartió lo agradable que es que su hijo lo esté esperando para saludarlo al volver a casa. "Cuando sale y me grita: 'Baba' me siento lleno de alegría." El culi hindú que vive en los barrios pobres pudo haber dicho fácilmente: "De hecho, me siento miserable la mayor parte del día y no puedo creer que mi familia tenga que vivir aquí. Soy un fracaso." Pero él veía su vida con una lente que capturaba lo bueno.

¿Qué lente usas tú?

Un factor clave que afecta la habilidad para amar a nuestra pareja es la lente que elegimos para ver las cosas. Siempre tenemos una elección para ver las situaciones. Si usamos una lente que se concentra en los defectos del otro, entonces será más difícil sentir amor y gratitud. Por otro lado, si elegimos ver lo mejor en nuestra pareja, entonces los sentimientos amorosos llegan más fácilmente.

El sábado, dos de nuestros hijos tenían partidos de soccer por la mañana. A veces, hacer que tres niños de menos de ocho años estén listos temprano puede suceder fácilmente, la mayor parte del tiempo no. El sábado fue un día de esos. Tal y como recuerdo, alguno estaba rehusando a peinarse, otro había perdido las protecciones para las espinillas y uno más rogaba porque hiciera *hot cakes*. Mientras tanto, Scott estaba en el gimnasio. A él le encanta el gimnasio, ya que usa ese tiempo para liberar el estrés y es un pasatiempo que disfruta. Él estaba especialmente estresado ese sábado, pues acababa de empezar un negocio al que le dedicaba muchas horas. Se había puesto de acuerdo conmigo para ir al gimnasio antes del partido de futbol, pero nuestro acuerdo era que él llegara a casa a tiempo para ir al partido juntos. Pero al diez para las nueve, a la hora de la verdad, seguíamos esperándolo.

Tenía yo dos opciones para ver la situación. Pude haber dejado que el estrés me invadiera y que resoplando me preguntara: "¿Dónde demonios está Scott? ¿Por qué no puedo ir al gimnasio y tener algo de tiempo para mí? ¡Yo estoy con estos niños todo el día!" O podía echar mano de la otra opción: "Me da mucho gusto que Scott tenga tiempo para él, y pueda sacar el estrés. Lo necesita." Escribí dos mensajes de texto que consideré enviar cuando era tiempo de irnos: 1. "¿Dónde estás? ¡Ya es tiempo de que nos vayamos al futbol!" o

2. "Hola, cariño, espero que estés divirtiéndote. Nos vamos al partido. Ven cuando puedas."

No puedo decir que ésta sea una elección fácil. No puedo decir que siempre haga la elección correcta. Pero por suerte, en esta ocasión, usé el mejor lente y Scott estaba muy agradecido. Me llamó cuando nos estábamos yendo para agradecerme por ser tan comprensiva. Entonces nos encontró en el juego de futbol sólo unos minutos tarde. Mi elección me permitió tener una actitud más amorosa y empática hacia él, que tiene sus propias necesidades. También le hice sentir mi amor. ¿Y adivina qué? Elegir esa lente me tomó menos de dos minutos.

Mi suegro lo explicó muy bien cuando me contó uno de los secretos del amor que habían mantenido sus padres. Me dijo que su padre y su madre eran muy distintos en muchos planos. Su padre, Ron, era muy organizado y le gustaba hacer las cosas de cierta manera. Su madre, Claire, era vivaz y creativa. A veces la casa era un poco caótica. Ron tenía la posibilidad de manejar las diferencias entre ellos de distintas maneras. De acuerdo con mi suegro: "Él sabía que el estilo de ella era otro. Y claro, las cosas no estaban estructuradas como a él le hubiera gustado. Pero había muchas cosas que le gustaban de ella, y él escogió centrarse en eso."

Pregúntate a ti mismo si eres el mayor crítico de tu pareja o su mayor fan. ¿Estás centrado en sus faltas o en las cosas que te gustan de él o ella? ¿Prefieres pensar en los calcetines sucios que ya no caben en el cesto o en las luchas tan divertidas que tu esposo tuvo con tus hijos en el piso de casa cuando llegó del trabajo? ¿Prefieres ver más claramente las listas de cosas por hacer que te da tu mujer el domingo, tu día libre, o bien las deliciosas cenas que ella prepara para la familia?

Tener buenos sentimientos hacia tu pareja depende de lo que elijas ver. Los sentimientos positivos pueden hacer toda la diferencia si quieres estar motivado para mostrar tu amor y afecto. Como dice el consejero matrimonial John Gottman: "Nuestra investigación muestra que los sentimientos de cariño y admiración son los antídotos perfectos para el resentimiento (que es para Gottman la mayor amenaza para un matrimonio feliz). Cuando las parejas hacen un esfuerzo absoluto y consciente para darse cuenta de las cosas que les gustan de la personalidad del otro y de su carácter, y expresan cariño muy abiertamente, su relación claramente mejorará."

Concentrarse en los puntos fuertes

Así que, ¿cómo sabes en qué debes concentrarte? Comienza por ver las cosas que tu pareja hace (y trata de hacer) para ti y tu familia. ¿Va a trabajar cada día? ¿Lleva a los niños a donde tienen que ir? ¿Te dice que te ves bien cuando tienes un compromiso? ¿Es alguien agudo? ¿Cuenta buenos cuentos a la hora de dormir? ¿Trabaja duro para permanecer activo y saludable? ¿Cocina una carne excelente? Las posibilidades son infinitas. Todos tenemos algo bueno que ofrecer. No pienses en lo que no está pasando. Como lo expresan los investigadores matrimoniales Carol Bruess y Anna Kudak en su libro *Lo que hacen las parejas felices* (*What Happy Couples Do*): "El trabajo matrimonial se practica todos los momentos del día. En el inicio típico de una conversación: '¿Cómo te fue hoy?' En la taza de café. La medicina. En el agujero de la dona. En las cosas más mundanas de nuestras vidas… asegúrate de que no estás perdiendo esos momentos pensando en cómo podrían, deberían ser o han sido."

Después considera lo que amas de tu pareja como persona. Por años, los psicólogos han estudiado el comportamiento humano centrándose en lo malo: ¿Por qué la gente se deprime? ¿Por qué se reprime? ¿O se siente oprimida y miserable? Tan sólo recientemente los científicos han comenzado a pensar en qué es lo que hace feliz a los individuos y lo que les ayuda a encontrar la alegría en sus relaciones. Uno de los pioneros en la investigación de la felicidad es el Dr. Martin Seligman, autor de *La felicidad auténtica y el optimismo aprendido* (*Authentic Happiness and Learned Optimism*). El Dr. Seligman escribe sobre cómo cada persona tiene una serie de fuerzas internas. Entre ellas están la sabiduría, la curiosidad y el interés por el mundo, la originalidad, la inteligencia emocional, la perseverancia, la apertura mental, el valor, la amabilidad, la habilidad para amar a los demás, el liderazgo, la templanza, el control personal, la apreciación de la belleza, la gratitud, la esperanza, la espiritualidad, el perdón, el humor y el entusiasmo.

Las características personales de tu esposo o esposa seguramente desempeñaron un papel importante cuando se enamoraron. En mi caso, me enamoré de la mente aguda de Scott y de su gusto por la vida. Nunca había conocido a nadie que hiciera parecer todo tan interesante, y su entusiasmo sacó lo mejor de mí. Considera a tu pareja. ¿Qué fue lo que te atrajo de ella en un primer momento? ¿Qué es lo que te gusta? En el matrimonio, al vivir tan cerca, es fácil que las cosas que al principio te enamoraron comiencen a volverse cansadas o aburridas. Pero centrarse en lo que falta puede desconectar a la pareja fácilmente y generar negatividad entre ustedes. Si estás mirando con regularidad las cosas malas, no podrás ver las buenas. Como el Dr. Gottman ha dicho: "Al recordarte simplemente las cualidades positivas de tu esposo o esposa –aún cuando te enganches con los defectos del otro– puedes prevenir que tu matrimonio se deteriore."

No estoy diciendo que debamos evitar todos los problemas y que no discutas con tu cónyuge sobre problemas que te preocupan. Tener una comunicación abierta es increíblemente importante, y los problemas necesitan resolverse. (Hablo más sobre esto en el Capítulo 7). Dicho de manera simple: elegir ver los puntos fuertes de tu pareja te ayudará a sentir amor de forma permanente, lo que fortalecerá tu matrimonio.

La profecía que hacemos realidad

Uno de los beneficios de tener una visión positiva de nuestra pareja es que podemos tener un impacto positivo sobre ella. Todos queremos hacer lo mejor y es más fácil hacerlo cuando alguien cree en nosotros. De acuerdo con el Dr. Seligman: "El ser ideal es la imagen que tenemos de lo mejor que somos capaces de hacer, nuestras mayores fuerzas realizadas y activas. Cuando sentimos que estamos a la altura de nuestros ideales más importantes, experimentamos gratificación, y ejercitar esas fuerzas produce más satisfacción. Cuando nuestra pareja ve también esto, nos sentimos validados y trabajamos más para no decepcionar la fe que nuestra pareja tiene en nosotros."

El concepto de una profecía que nosotros hacemos realidad se demostró en un estudio que se hizo de los profesores en los años sesenta. A algunos maestros se les dijo que tenían alumnos muy talentosos, mientras que a otros se les dijo que sus alumnos sólo eran "pasables". De hecho, la asignación de alumnos fue al azar. Ningún grupo era más talentoso que otro. Durante el estudio, los maestros trataron a los alumnos de manera diferente según sus expectativas. Los maestros que pensaban que sus estudiantes eran los mejores y los más brillantes esperaban que se comportaran así. Interactuaron con ellos de manera que los estudiantes sintieron que podían creer en ellos. Al final del estudio, los alumnos que los maestros consideraron brillantes tuvieron mejores resultados que el otro grupo. La conclusión de los investigadores fue que la creencia alienta el cambio, para mejor o para peor.

El mismo poder es posible en el matrimonio. Esta profecía que hacemos realidad dice que cuando alguien cree que somos de cierta manera, trabajamos más para ser así. Si elegimos ver grandes posibilidades, nuestra pareja podrá llenar nuestras expectativas. El Dr. Frank Gunzburg, quien ha sido un consejero matrimonial por más de 30 años, lo puso de esta manera: "Como pienses y lo que pienses de tu pareja determinará tus sentimientos y acciones. Si tienes la expectativa de disfrutar del otro, lo más probable es que lo hagas." En otras palabras, tus expectativas impactan la forma en que interactúas con tu pareja y eso lo cambia todo.

Si yo sé que Scott ve lo mejor en mí, puedo sentirlo y trabajo más duro para no decepcionarlo. No estaría escribiendo este libro ahora si Scott no creyera en mí. Él me ha dicho muchas veces que le gusta este proyecto y le encanta leer lo que escribo. Eso me motiva para trabajar duro y dar mi mejor esfuerzo. Por supuesto, no podría decirme que cree en mí si antes no hubiera elegido tener ese punto de vista que dice: "Mi esposa es maravillosa y está trabajando en algo importante. Ella puede hacerlo." Él pudo haber dicho: "Éste es un sueño absurdo y más valdría emplear su tiempo en hacer otra cosa." Pero eligió creer, estaba motivado para compartir ese amor que, a su vez, me ha motivado. Nuestras creencias tienen impacto.

Aquí hay una advertencia: no te decepciones cuando tu esposo o esposa demuestra que sólo es un ser humano. Recuerdo mi primer día de San Valentín con Scott cuando ya estábamos casados; yo esperaba que llegara con rosas, chocolates o algo… pero no llevó nada. Él pensó que la cena que habíamos planeado era suficiente celebración (y pudo haberlo sido). Hay algo que debe decirse sobre mantener las

expectativas en la realidad. Mi amiga Sarah me ha señalado lo importante que han sido las expectativas realistas en su matrimonio. Ella se
comprometió con su esposo para bien y para mal: "Porque entramos en
el matrimonio sin paracaídas", me dijo, "siempre hemos estado agradecidos por las pequeñas cosas que no esperamos. Cuando le empaco
el almuerzo a Clint, él lo considera un regalo. Cuando él lava los platos,
yo estoy agradecida. Nunca he esperado rosas el día de las madres y
raras veces las he recibido. Pero cuando me las da, es mágico."

Asumir lo mejor

Ocasionalmente en el matrimonio nos frustramos con algo que nuestra
pareja ha dicho o hecho. Eso es parte del trato: dos personas juntas
con tanta frecuencia y que se necesitan pero que también necesitan
espacio, pueden llegar a experimentar fricción. Diferentes perspectivas,
diferentes gustos y diferentes personalidades se mezclan en una vida
compartida. Prácticamente todo lo que hacemos afecta a nuestra pareja
de alguna manera. Es muy fácil entonces sacar conclusiones.

Al principio de nuestro matrimonio, a Scott y a mí nos gustaba
ver películas en el sillón por la noche. Después de días ocupados en la
escuela y en el trabajo, siempre estábamos bastante cansados. Mientras
que yo podía quedarme despierta, Scott siempre se quedaba dormido.
Eso no me importaba. Lo que me molestaba es que luego continuara
durmiendo toda la noche. Al principio le decía suavemente que la película ya se había terminado. Luego empezaba a mover al pobre hombre
cada vez más fuerte. Nada. No se movía. ¡Esto me volvía loca! Así que
me iba a la cama hecha un basilisco pensando en lo terrible que era
que mi esposo se quedara durmiendo en el sofá y yo me fuera a dormir
sola en la cama. Esa manera de dormir es para las parejas que tienen

problemas, ¿no? Dejaba que mis pensamientos se quedaran fijos considerando lo terco que era Scott por quedarse en el sillón en lugar de irse a dormir al cuarto conmigo.

Por supuesto, estaba olvidando el hecho de que Scott tiene el sueño muy pesado. Y yo entretanto desperdicié mucha energía en ese sillón. Pude haberme reído alegremente de la situación y haber dicho: "¡Guau! ¡Pero si duerme como una piedra! ¡Creo que voy a tener esta noche toda la cama para mí!" Por suerte, entre ese momento y ahora he podido madurar un poco. También tenemos ya una computadora portátil para ver películas en la cama.

Los investigadores matrimoniales han estudiado cómo las parejas manejan los comportamientos frustrantes. En un estudio con 54 parejas de recién casados en el espacio de cuatro años, los investigadores observaron si las parejas explicaban al otro su comportamiento con acusaciones o si asumían lo mejor de su pareja, encontrando una explicación razonable. Una acusación frecuente por la ropa que sigue en el sillón es: "Es tan flojo." Una explicación razonable es: "Debió irse con prisa." Dieciséis de las parejas se divorciaron o se separaron durante el estudio. Los investigadores descubrieron que una explicación razonable y positiva para su comportamiento en los momentos frustrantes tuvo un impacto en su satisfacción matrimonial. Mientras más positivas fueron las explicaciones, más posibilidades tenía el matrimonio de salir adelante.

¿La implicación en el mundo real? Cuando tu pareja hace algo que no te gusta, tratar de encontrar una explicación temporal (como una semana de mucho trabajo) es mejor que encontrar fallas de carácter (como egoísmo, terquedad o pereza). Decir que se sentía cansado es mejor que pensar que es un egoísta. A ella se le ha complicado la vida con los niños y está un poco estresada, es mejor que decir que es una mujer muy estirada. Asumir lo mejor en tu pareja ayuda enormemente a los sentimientos amorosos en el matrimonio. ¿Cuánto tiempo requiere? No más de un par de minutos.

Gratitud

Otra pregunta rápida y significativa es: "¿Estoy centrado en lo agradecido que estoy porque mi pareja haga X, en lugar de enfocarme en qué tan loco me vuelvo cuando hace Y?" Una actitud de agradecimiento pone el marco emocional para una pareja que está dispuesta, lista y encantada de amarse y nutrirse uno al otro.

La ciencia confirma los beneficios de los pensamientos de agradecimiento. Cuando somos capaces de concentrarnos en aquello en lo que estamos agradecidos, somos más fuertes emocionalmente y con más capacidad de conectar con otros que cuando nos concentramos en lo que no tenemos. De acuerdo con el Dr. Robert Emmons, profesor de psicología en Universidad de California en Davis, la gente que regularmente piensa en las cosas por las que está agradecido llega más fácilmente a sus objetivos, son más optimistas, más empáticos, tienen más energía, mejores relaciones personales y se sienten más conectados. Los diarios escritos para la gratitud también hacen una diferencia ayudando a la gente a sentirse feliz. En un estudio de dos semanas, los alumnos universitarios que escribieron en un diario de gratitud cada noche se sentían más felices luego del proyecto que los estudiantes que no lo hicieron. Considera lo que eso puede hacer por el matrimonio. Tan sólo tomar unos minutos para pensar y escribir lo agradecidos que nos sentimos puede afectar nuestro humor y la visión que tenemos de las cosas, llevándonos a sentirnos más felices y más satisfechos con nuestra pareja.

Si veo que comienzo a sentirme frustrada con algo con que haga mi esposo, si hago un rápido cambio de visión mental hacia la gratitud puedo marcar una gran diferencia. Es fácil juzgar al otro. Puede ser más difícil concentrarse conscientemente en la gratitud. Pero prefiero pensar en lo agradecida que estoy con Scott por haber ido a trabajar hoy para darle a su familia todo lo necesario, que rumiar por qué se encerró en el baño con su iPad cuando era el momento de poner a los niños en la cama. Si retrocedo un paso, comprendo que estuvo ayudándome a llevar a los niños a dormir las últimas dos noches, y que necesita un poco de tiempo para sí mismo. Y si espero un poco más, lo veré salir más fresco y listo para hacer reír a los niños con el oso cosquilleador Paul. Si permito que un pequeño detalle ofusque mis pensamientos sobre lo que realmente quiero, es fácil crear una brecha innecesaria entre los dos.

Tu felicidad es la mía

Uno de los mejores instrumentos para ayudarte a crear conexiones amorosas con tu pareja es genuinamente desear su felicidad más que la tuya. Descifrar esto puede tomar años. Si realmente quiero la felicidad de Scott más que la mía, y no se siente bien luego de una cena que nos ha dejado una cocina llena de platos sucios, con gusto lo mando a la cama. Si él quiere mi felicidad más que la suya, sabe reconocer cuándo necesito una pausa e insiste en que vaya a correr un sábado por la mañana, sin importar que haya que ocuparse de tres niños pequeños en casa. Si quiero su felicidad, estaré lista para celebrar sus éxitos y lamentar sus derrotas. Ésta es una parte mágica de ser la pareja de otra persona. Estamos ahí para el otro y damos sin la esperanza de recibir nada a cambio.

Considera cómo te sientes con la felicidad del otro. ¿Realmente te importa su bienestar físico y emocional? ¿Tu felicidad está realmente conectada a la suya? Tus pensamientos son tu propia elección. Podemos elegir querer lo que es mejor para él o para ella. Y debemos recordar que nuestro bienestar está conectado con el del otro. Si lo recordamos, entonces realmente podemos amar y dar lo que el otro necesita.

Todo esto se resume en lo siguiente: nuestros pensamientos afectan nuestro matrimonio. No es siempre fácil, pero trabajar en concentrarse en lo positivo puede beneficiar nuestra relación matrimonial. Así como el culi en la India podía sentirse bendecido en sus circunstancias humildes, nosotros también tenemos la opción de elegir ver lo mejor en nuestra pareja. Podemos optar por la gratitud. Podemos preferir la felicidad del otro sobre la nuestra. Esta perspectiva fortalecerá el amor y nuestro vínculo, y motivará a nuestra pareja para que sea lo mejor que puede llegar a ser. Sólo entonces estaremos listos para dar genuinamente nuestro amor cada día, a través de nuestras palabras y nuestros actos.

Acciones a realizar en dos minutos

(para completar una vez y repetir muchas veces)

- Piensa o escribe qué te gusta de tu pareja y por qué estás agradecido.
- Considera por qué te enamoraste de tu pareja. Escribe cuáles son sus puntos fuertes.
- Con la profecía que haces realidad, identifica qué creencias tienes sobre tu pareja y qué le deseas. ¿Qué es capaz de hacer?
- La próxima vez que tu pareja haga algo que te frustre, da una explicación temporal razonable ("Debe estar cansado o cansada" o "Debe haber tenido un día muy estresante"), antes que lanzar una acusación.
- Recuerda que quieres la felicidad de tu cónyuge más que la tuya, y que tu felicidad está inextricablemente unida a la suya.

Capítulo 4

¿Sabes qué? El poder de las palabras amables

"Las palabras –tan inocentes y tan indefensas como parecen al estar erguidas en el diccionario–, qué potentes se vuelven para el bien y para el mal en las manos de alguien que sabe combinarlas."

Nathaniel Hawthorne, novelista estadounidense

Las palabras que usamos para hacer llegar nuestro amor, aprecio y respeto son elementos clave en una relación satisfactoria. Nuestras palabras tienen el poder de causar daño irreparable, pero también tienen el poder de levantar, motivar, fortalecer y renovar. Pueden separarnos o ayudarnos a conectar. Las palabras que usamos son tan importantes que una relación puede consolidarse o perderse dependiendo de cómo las utilicemos. Para tener un matrimonio feliz y satisfactorio, las parejas deben encontrar maneras de conectar a través de palabras amables, gratitud, admiración, preguntas, halagos e incluso la risa.

"Te amo"

Todo el mundo necesita saber que es amado. Tal vez lo has escuchado miles de veces en tu matrimonio. Tal vez no lo has escuchado desde hace meses. Esto es verdad para todos: hace una enorme diferencia escuchar "Te amo" hoy, en este momento. Lleva el mensaje que, incluso después de todas las subidas y bajadas y los cambios en la vida, "mi pareja aún me ama".

Una de mis comedias románticas favoritas es *El espejo tiene dos caras* (*The Mirror Has Two Faces*). En esta película un profesor de matemáticas de la Universidad de Columbia, Gregory, piensa que el romance arruina las relaciones porque una vez que la chispa muere entre dos personas, no hay nada para conectarlos. Decide entonces buscar una compañera con intereses comunes y respeto mutuo, pero opta por dejar fuera el amor romántico. Rose, otra profesora, acepta el arreglo, aunque ella secretamente desea pasión y romance. Después de casados, Rose se enamora de Gregory y sigue esperando que él se enamore de ella. Al perder la esperanza, Rose se da cuenta de que ella se siente infeliz si no existe abiertamente la expresión de amor en su vida. Su explicación es que tal vez el amor romántico sea una locura, pero "yo quiero el desastre y el caos, y quiero que alguien se vuelva totalmente loco por mí. Quiero sentir pasión y calor y sudor y locura, y quiero San Valentín y cupidos y todas esas estupideces. Lo quiero todo." Así que ella se va y lo deja confundido y frustrado porque su ecuación de matrimonio perfecto no funcionó.

En su ausencia, Gregory descubre que sin quererlo se ha enamorado desesperadamente de Rose y se está volviendo loco sin ella. Gregory se va a su departamento en la madrugada gritándole a la ventana hasta que ella baja finalmente a la calle a verlo. Le explica lo mucho que lo siente, y al tomarla en sus brazos, le dice esas palabras aparentemente simples: "Te amo." Esta confesión la deja derritiéndose en sus brazos, después de tan larga espera. Alguien que ella amaba tanto finalmente ha expresado el amor.

Sin embargo, ésta es una ficción, pero como espectadora, creo que la escena expresa verdadera emoción y nos permite entender lo importante que es saber que somos amados. Recuerdo la primera vez que Scott me dijo que me amaba. Estábamos acostados en el campo cerca del aeropuerto viendo cómo volaban los aviones sobre nosotros. Llevábamos saliendo unos meses, sintiendo cada vez más cariño por el otro y pasando cada vez más tiempo juntos. Cuando dijo esas palabras, el efecto fue eléctrico, y yo le dije que también me había enamorado. Con frecuencia lo pienso en mi interior: "¿No es espectacular y casi milagroso que una persona comience a amar a otra que también la ama?"

La primera vez que decimos "Te amo" se vuelve un momento decisivo en la relación. Cambia el cariz de las cosas, entre un encuentro romántico, una amistad mutua o una asociación íntima y cariñosa. Éstas no son palabras que puedes decirle a cualquiera. Fuera de la familia y tal vez de nuestros amigos más cercanos, estas palabras están reservadas a alguien realmente único y especial. Una vez que nos casamos, con toda probabilidad, diremos estas palabras románticamente sólo a una persona, la persona con quien nos comprometimos en cuerpo y alma.

¿Cuándo debemos expresar el amor? Scott y yo lo hacemos con frecuencia, cuando comienza el día y cuando nos reunimos. También lo decimos cuando hablamos por teléfono. Esos son momentos maravillosos para conectar y comunicar nuestro afecto. Pero es más significativo cuando no lo esperamos y está fuera de la rutina. Por ejemplo, en la mañana Scott y yo estábamos en la cama, y él se acercó a mí para mirarme y decirme: "Te amo". En ese momento me tocó especialmente porque no lo estaba esperando. Sólo quería decirlo porque lo sentía así.

No asumas que porque tú lo dijiste ayer o la semana pasada o el año pasado tu pareja sabe cómo te sientes. Decir "te amo" es una validación importante, aun cuando lo hayas dicho mil veces. Estas simples palabras guardan un mensaje tan poderosos como: "Todavía me siento feliz de estar contigo", "Todavía pienso que eres maravilloso" y "Haría todavía cualquier cosa por ti." Estas palabras son tan simples y conectan tan profundamente a dos personas que realmente se preocupan por el otro. Dilo con frecuencia, cuando se espera y cuando no. Considéralo como un combustible en el fuego romántico.

"Me siento agradecido por tenerte"

En el matrimonio, nuestra vida está constante e inextricablemente ligada a nuestra pareja. Tanto que lo que hacemos tiene un impacto en el otro. Queremos saber que nuestras acciones son visibles para el otro y hacen una diferencia.

Mi cuñado me ha expresado qué tan importante es para él saber que su esposa aprecia quién es: "Hace una gran diferencia", dice. "A veces cuando me despierto por la mañana, no tengo ganas de ir al trabajo. Quiero decir que lo disfruto una vez que ya estoy allí, pero hay días en que es difícil ir. Cuando mi esposa me dice lo agradecida que se siente de todo lo que hago por nuestra familia, me hace sentir genial y me permite seguir motivado." Y siguió compartiendo conmigo todas esas cosas, incluso las pequeñas, en las que las palabras de gratitud de ella hacían una diferencia. "Si cortaba el césped o algo así, y ella esperaba algo diferente, no expresaba su aprecio. Entonces casi sentía que hubiera preferido hacer otra cosa en lugar de cortar el pasto. Pero cuando se daba cuenta y me agradecía mis esfuerzos, me sentía querido y apreciado. Todo lo que hago es por hacerla feliz, y quiero que lo sepa."

Mi amigo Brian expresó un sentimiento parecido por la expresión de gratitud de su esposa. "Trabajo sobre todo para mantenerla y por nuestro futuro", me dijo. "Si estuviera soltero, probablemente haría algo más 'divertido', así que cuando ella está agradecida y expresa su aprecio por mi éxito, me siento comprendido y valorado por el trabajo duro que hago."

Para una esposa que se queda en casa con tres niños a lo largo del día, los "gracias" vienen bastante poco. A veces mis niños recuerdan decirlo, pero por lo general tengo que recordarles que deben decir "gracias" cada vez que los ayudo a hacer algo. Eso no tiene el mismo efecto que cuando espontáneamente me expresan su aprecio por mis esfuerzos. La mayor parte del tiempo el aprecio y el reconocimiento viene solamente de parte de mi esposo durante el día. Considerando lo importante que es sentirse reconocido, ¡es mucha presión para Scott! Por suerte, es extremadamente bueno para agradecerme las pequeñas cosas, como las sábanas limpias en la cama, el pasto cortado o una comida caliente. Estas palabras de gratitud hacen una gran diferencia y me hacen sentir su amor.

Qué cosa tan simple: expresar nuestra gratitud hacia el otro, incluso por las cosas que debemos hacer de todos modos. Recuerdo varias veces que he dado las gracias a Scott por ir al trabajo, algo que sé que va a hacer de todos modos sin importar lo que yo diga. Pero mis palabras hacen una diferencia. Siempre parece genuinamente agradecido al escucharlas. Y con frecuencia me responde: "Gracias por decirlo." Muchas noches a la hora de la cena, después de que alguien me ha dado las gracias por la comida, trato de que los niños recuerden que papá ha trabajado duro también. Entonces le dicen: "Gracias papi por ir al trabajo." Todos queremos ser reconocidos por nuestros esfuerzos.

Date cuenta de las pequeñas cosas que tu pareja hace en casa, con los niños, o en el trabajo. Y dale las gracias tan pronto como veas que ha hecho algo bueno para ti o para tu familia. Mostrar gratitud genera conexiones positivas y sentimientos amorosos.

"Te admiro"

Tal vez algo tan importante como expresar palabras de amor a tu pareja es asegurarte de que sabe que la admiras y respetas por lo que hace. De acuerdo con la Dra. Laura Schlessinger, que habla mucho por la radio, sentirse respetado es algo muy importante para los hombres, pero yo puedo decir que también las mujeres lo necesitan. Nuestro concepto personal proyecta en buena parte cómo pensamos que otros nos ven. Esto empieza en la infancia y continúa por el resto de la vida. Como dice el sociólogo estadounidense Robert Bierstedt: "Como imaginamos que somos para otra persona es un elemento esencial en nuestra concepción de nosotros mismos. En otras palabras, 'No soy quien pienso que soy, no soy lo que piensas que soy, soy lo que creo que piensas de mí.'" Esto puede parecer un poco extremo, especialmente considerando que la gente puede salir victoriosa incluso teniendo sobre sí las peores expectativas. De todos modos, nuestro concepto personal está conectado con la manera como creemos que los otros nos ven, especialmente una persona que nos conoce mejor que nadie en el mundo. Si no pensamos que nuestro esposo o esposa nos admira por quienes somos, las palabras "Te amo" no tendrán el mismo poder.

¿Cómo expresarle a nuestra pareja que lo amamos y respetamos? Con nuestras acciones pero también, muy importante, a través de las palabras. Debemos decirle lo que admiramos y lo que más nos gusta de él o ella. Tengo una amiga cercana que ha luchado mucho por su matrimonio. Cuando le conté de este proyecto, lo primero que me dijo fue: "Una flor o una nota amorosa significa muy poco si no siento que mi pareja me respeta como persona o si ha sido crítico en cómo hago las cosas. Antes que nada, necesito saber que me respeta."

La madre de Scott, Kerry, me dijo lo importante que es saber que su esposo la admira y la respeta. "Aun cuando él conoce mis defectos y mi idiosincrasia", me dice, "sé que me admira. Incluso dice cosas amables a sus amigos y vecinos sobre mí, lo que me muestra que siempre estará de mi lado. Sus expresiones de respeto han creado una gran confianza a lo largo del tiempo. Sé cómo me ve y eso me hace sentir amada." Hay una seguridad en saber que nuestra pareja nos admira y ve lo mejor en nosotros, donde quiera que estemos.

Una vez en una reunión familiar, Kerry se levantó para compartir todas las cosas que a ella y su marido más les gustan de sus hijos. Aunque los dos padres lo prepararon juntos, Kerry fue la que habló. Al final, Kerry preguntó de todos modos si su marido quería decir algo. Él resumió sus sentimientos en una o dos frases, y luego bromeó sobre lo mucho que hablaba su esposa. Le dijo: "Espero que sepas que me encanta que tengas tantas palabras que compartir. No soy igual, pero me alegro de que esa sea una de tus fortalezas." Así la validaba y le hacía saber que ve lo mejor en ella. Ella no se sintió de ninguna manera ofendida por sus bromas porque, como ella misma dijo: "Tengo la confianza de saber cómo se siente él conmigo. Tenemos esa confianza."

En el mundo corporativo se toman medidas para reconocer y alabar a los empleados que han hecho especialmente bien su labor. Recuerdo que cuando trabajaba en una compañía de relaciones públicas, nos ascendieron y en las juntas semanales reconocieron lo bien que lo habíamos hecho. ¡Qué bien se siente eso! "¡Alguien piensa que soy maravillosa en lo que hago!" Fue un sentimiento en el que pudimos regodearnos por un buen rato. Si el reconocimiento y el aprecio pueden afectarnos tanto en el trabajo diario, imagina lo que pueden hacer en nuestro matrimonio.

Las pequeñas cosas que hace Scott para mostrarme su respeto son tremendamente significativas. Sé que me admira y también la manera como vivo mi vida, aun si hay veces que lo único que he hecho es cambiar pañales sucios y limpiar los baños. El reconocimiento formal no es parte del trabajo de una madre que se queda en casa. Trabajo más duro ahora, podría decir, que en los trabajos antes de tener niños. Mi día está lleno de esfuerzos por ayudar a los niños a que se preparen, a compartir el coche, lavar la ropa, ir de compras, planchar, pagar las cuentas, cortar el pasto, ayudar con las tareas y las clases de piano, cocinar y limpiar los baños y pasar la aspiradora y tomar algunos momentos para enseñar a los niños y jugar con ellos. No es que quiera que Scott diga: "Guau, qué buen trabajo hiciste lavando esos platos", aunque me gustaría saber que se dio cuenta. Lo que más significa para mí es cuando él me dice: "Eres tan buena con los niños. Me encanta cómo eres con ellos", o "No sé cómo puedes hacer todo eso en un día. Eres increíble."

Los proveedores se sienten bien cuando saben que su esposa se siente orgullosa de sus esfuerzos en el trabajo, aun cuando haya ya un reconocimiento dentro de la oficina. Mi cuñado, con su ocupada carrera en inversiones bancarias, me dijo: "Me parece genial cuando mi esposa me dice lo orgullosa que se siente de mí. Eso muestra que me aprecia y valora mi esfuerzo. Me gusta saber que piensa que estoy a la altura de lo que ella espera y que reconoce el esfuerzo que hago para hacer cosas buenas para nuestra familia y para el mundo." Lo mismo se aplica si es el marido, la esposa o ambos cónyuges quienes trabajan fuera de casa: reconocer el esfuerzo es lo que importa.

Admirar a tu esposo o esposa es tan fácil como encontrar las cosas que te gustan, pero su importancia no puede ser suficientemente subrayada. Como dice el Dr. John Gottman, investigador matrimonial: "El cariño y la admiración son dos de las cosas más cruciales en un romance gratificante y de larga duración." Piensa en lo que tu cónyuge hace todos los días. Piensa en sus fuerzas personales, tal como lo hemos mencionado. ¿Qué rasgos de su personalidad te gustan más? ¿En qué es bueno? ¿Te gusta cómo hace reír a los niños? ¿O sus habilidades de jardinería? ¿Es buena en su trabajo? ¿Es el mejor entrenador infantil del barrio? ¿Es muy buena hablando y expresándose? Recuerda que eres el mayor admirador de tu pareja. Si hay una brecha entre tu percepción y la realidad, pues mejor. Las investigaciones muestran que eso es una cosa buena para los matrimonios. Tal vez "técnicamente" tu pareja no es el mejor contador de historias para antes de dormir, como has dicho por años (hay un tipo en Singapur que lleva diferentes disfraces y simula diferentes acentos cada noche). ¿Y qué? Es lo que tú piensas de tu cónyuge lo que importa. Permítete ver lo mejor de tu pareja. Luego déjaselo saber.

Cumplidos

Dar un cumplido es una manera de que tu pareja sepa lo que sientes por ella. "Me gusta algo en ti." Es una oportunidad para señalar algo positivo en el momento, ya sea lo bien que se ve esta noche, o lo buena que estuvo la comida que preparó para el desayuno, o el maravilloso nuevo corte de pelo. Dar cumplidos genuinos con cierta frecuencia es una manera fácil y rápida para crear sentimientos de afecto en ese espacio que está entre ustedes.

Scott recientemente me explicó lo mucho que significa para él cuando le hago algún cumplido. Me dijo: "La otra mañana me dijiste que soy guapo. Me sacó de balance. Es bueno saber que lo piensas. Y lo genial es que no es algo que está ahí sólo para ese momento. Se queda ahí. Lo pensé al día siguiente cuando estaba arreglándome. 'Ella piensa que soy guapo', qué divertido."

Mi amigo Brian dijo algo similar cuando le pregunté si se sentía amado en su matrimonio. Me dijo: "Justo el otro día, sin planearlo, íbamos en el coche y ella me dijo que se siente tan orgullosa de mí, que me quiere mucho, de lo atractivo y generoso que soy, además de considerado, amable y atento con sus necesidades. Simplemente me dijo lo mucho que significo para ella, lo feliz que se siente por estar casada conmigo y lo afortunada que es. No hay que adivinar lo que siente, no hay necesidad de leer entre líneas y ni de descifrar las pistas. Me encanta."

Las oportunidades para hacer un cumplido a tu pareja son infinitas. Date cuenta de los detalles: un vestido nuevo, una buena comida, un pasto bien cortado, una nueva corbata, o incluso un fregadero limpio. Me gusta cuando Scott me dice que me veo bien o que piensa que soy buena con los niños. Todos nos sentimos bien cuando recibimos atención positiva. Encuentra maneras para crear sentimientos positivos al halagar a tu cónyuge. Tú eres el o la que mejor lo conoce, y las palabras significarán más viniendo de ti que de cualquier otro.

Hacerse reír

Una de las cosas que más se disfrutan del compañerismo es tener alguien con quien puedes reír, alguien que te haga sonreír. Una de las cosas más importantes que puedes tener en tu matrimonio es divertirte con el otro. El Dr. Jim Burns, consejero matrimonial, dice: "La amistad y la diversión en un matrimonio son dos de los mayores indicadores de satisfacción a largo plazo." Las investigaciones confirman que la risa es sana para las relaciones, y que nos conectan emocional y químicamente. Cuando nos reímos juntos, el cerebro libera oxitocina, que se ha llamado correctamente la "hormona del amor" porque sirve como un elemento de conexión.

Más allá de fortalecer nuestra amistad, hacernos reír es una manera fácil de mostrar que el otro nos importa. Creo que mi hermana le dio al clavo cuando me dijo que una de las maneras más grandes en que se siente amada por su marido es cuando la hace reír: "Tiene un gran sentido del humor, y se siente bien cuando me dice un chiste o hace una tontería que me hace sonreír", me explica. "Es importante para mí que podamos reírnos y divertirnos juntos porque la vida es a veces dura con el trabajo, el bebé, un negocio que está creciendo... Y se siente bien poder sonreír, reír y sentirnos felices juntos."

No puedo estar más de acuerdo. Hace unas semanas tuve un día difícil con los niños. Fue uno de esos en que cada uno necesitaba algo durante todo el día. Teníamos una tarde donde éramos más parecidos a los-peores-enemigos que a los-mejores-amigos. "No estoy seguro de esto, pero creo que te podría gustar ver este video." Muchas veces hemos bromeado en cómo somos diferentes los hombres y las mujeres con respecto a resolver problemas, y cómo las mujeres sólo queremos a alguien que escuche, mientras que el hombre quiere problemas que solucionar. Así que Scott se sentó conmigo en el sillón y puso un video de YouTube en su teléfono. En este video, una mujer tiene una especie de clavo saliendo de su frente y dice: "Me duele mucho la cabeza, y mi ropa se está enganchando todo el tiempo y es muy frustrante." Su pareja la mira y le dice: "Bueno, eso es porque tienes un clavo en la frente." Ella se enoja y le grita: "¿No puedes simplemente escucharme? Sólo quiero que me escuches." Él la ve dubitativamente, como diciendo: "Pero..." Ella lo corta y continúa explicando cómo es que le duele la cabeza y necesita a alguien que la escuche. Él se muerde la lengua y asiente: "Sí, eso debe de ser frustrante."

El video fue tan inesperado que me hizo reír mucho. Eso le tomó a Scott dos minutos, pero me hizo quererlo tanto en ese momento que sentí que 1. realmente le preocupaba que estuviera estresada, 2. que me conocía lo suficiente como para saber lo que yo podría encontrar divertido y 3. que quería hacerme sonreír.

Qué fácil es hacer que el otro se ría. Al hacernos bromas, o por lo menos buscar una sonrisa, creamos más sentimientos amorosos.

Así que pueden ver un video gracioso de YouTube juntos, contarse un chiste, o como los dos autores que han escrito *Haz más fácil tu matrimonio* (*Making marriage simple*), ponte unos lentes de Groucho Marx en la cena y ve qué pasa. El punto es que una de las partes que más se disfruta de una amistad es hacer reír al otro. Así añadirás conexiones positivas al espacio entre ustedes en nada de tiempo.

Conectar a través de las preguntas

Simplemente preguntar a nuestro esposo o esposa acerca de sus pensamientos u opiniones o sobre cómo fue el día, demuestra amor e interés. Pedir a alguien que comparta sus experiencias y sentimientos dice: "Me importa y quiero saber de ti." Conózcanse bien. No asumas que porque se conocieron el mes pasado o el año pasado o cuando se casaron no hay nada nuevo por descubrir. Como seres humanos, constantemente estamos aprendiendo, creciendo, cambiando y experimentando. Averigua por qué está pasando tu pareja. Pregunta cómo fue su día y escucha con verdadero interés la respuesta. Pregunta sus opiniones y pensamientos, gustos y aversiones, esperanzas y miedos. Como me explicó Scott: "Quieres estar al tanto porque te importa. Estás interesada. Eso me hace sentir que lo que hago es importante para ti."

Mi suegro es un abogado muy ocupado y con mucho éxito. No se te ocurriría pensar que algo tan simple como: "¿Cómo te fue en tu día, querido?", podría significar tanto para un tipo que ha hecho tratos multimillonarios. Pero cuando le pregunté por las cosas pequeñas que significan mucho para él, me dijo: "Un hombre que ha estado todo el día trabajando puede venir a casa muy estresado. Cuando mi esposa me pregunta, sinceramente, cómo me fue en mi día y está dispuesta a sentarse conmigo y escuchar los procesos que he pasado, es algo increíble. Absolutamente increíble."

El hermano de Scott, que trabaja en un banco de inversión en Nueva York, se siente de la misma manera. Cuando le pregunté cómo se siente querido por su esposa, una de las primeras cosas que dijo fue: "Me encanta cuando me pregunta sobre mi día, aunque algunas personas puedan pensar que es aburrido o sin mayor interés. Ella parece estar verdaderamente interesada, en parte porque se interesa por mí." Lo puedo entender. Cuando Scott llega a casa del trabajo, por lo general los niños están encima suyo, y casi no podemos cruzar palabra. Ese estado caótico dura hasta la hora de la cena. Nos reímos de lo mucho que cuesta tener más de treinta segundos para nosotros mientras los niños están despiertos. Están tan felices de compartir sus proyectos y luchar y que papá les haga cosquillas. Nos gusta ese tiempo en que contacta con los niños.

Pero por la noche, después de que el último niño se ha levantado para pedir un sorbo de agua y se ha acostado, es el momento para nosotros. Es tan importante para mí que Scott sepa que no puede preguntarme: "¿Entonces qué quieres hacer?", hasta que hayamos hablado un poco sobre nuestro día. Me gusta conectar con él y escuchar lo que ha hecho. Me gusta que me pregunte sobre mi día —no porque es el único camino para llegar a ver el programa de televisión que le gusta— porque realmente quiere saber. No toma mucho decir esas simples palabras: "Dime cómo te fue en tu día." Pero piensa en lo que realmente crea la comunicación: "Me interesas tú. Me importas. Quiero saber de ti y de tus experiencias."

Habíamos tenido la oportunidad de conectar a través de las preguntas que nos hicimos en una cita reciente, una de las mejores que puedo recordar. Fue tan simple como traer un almuerzo para un *picnic* en el parque y jugar un juego de esos para conocerse mejor. Tomamos las preguntas de un libro de matrimonio y tratamos de adivinar lo que diría el otro sobre un cierto tema. Nos reímos y aprendimos cosas. Era tan divertido escuchar cómo Scott sabe tanto de mí en cuanto compartimos la información común. Incluso aprendió algo nuevo sobre mí: mi animal favorito es el tigre blanco. Todavía está en debate si la respuesta "gato" nos da los suficientes puntos para un empate. De cualquier manera, fortalecimos el amor entre nosotros haciendo preguntas simples.

Hacer preguntas sobre la opinión de nuestro cónyuge crea mucho amor. Puede ser sobre lo que se puede hacer con un niño, con un problema de trabajo, con la situación política o sobre pintar un color, preguntar la opinión del otro muestra que nos importa lo que piense. Esa es otra manera de generar una conexión positiva, tan importante en el matrimonio. Como lo dijo Scott, "Cuando me preguntas sobre mis pensamientos o sobre algo, eso muestra que soy una caja de resonancia importante para ti. Estás interesada en saber lo que pienso, y se siente bien. Me siento importante y querido." Haz preguntas: tu pareja va a apreciar tu interés y a sentir tu amor.

Toma una oportunidad para aprender más sobre los pensamientos de tu pareja, sus intereses y opiniones. Usa las siguientes preguntas para hacer un ejercicio divertido, ya sea en una cita o por unos pocos minutos al final del día. Escoge un número al azar y haz la pregunta: ve si tu pareja sabe la respuesta. Y luego que la otra persona haga lo mismo. Usa este ejercicio para aprender nuevas cosas sobre él o ella y ve lo que ella sabe de ti.

1. ¿Cuál es tu color favorito?
2. ¿Quién es mi compositor o músico favorito?

3. ¿Qué hice hoy?

4. ¿Cuál es uno de mis mayores miedos?

5. ¿Quién es mi mayor héroe?

6. ¿Cuál es una de mis películas favoritas?

7. ¿Quién es mi escritor favorito?

8. ¿Cuáles son tres de mis deseos para el futuro?

9. ¿Cuál sería la descripción de una cita perfecta?

10. Nombra uno de mis *hobbies*.

11. ¿Por qué situaciones estresantes estoy pasando hoy?

12. ¿Cuál es mi canción favorita?

13. ¿Cuál sería mi trabajo perfecto?

14. ¿Quién es mi pariente favorito fuera de mi familia?

15. ¿Cuál es mi flor favorita?

16. ¿Cuál es mi estación favorita?

17. Algo que haya hecho de lo que estoy orgulloso.

18. ¿Cuál es mi comida favorita?

19. ¿A qué metas intento llegar?

20. ¿Cuál son mis vacaciones favoritas?

21. ¿Cuál es una de mis experiencias favoritas de infancia?

22. ¿Qué es lo más me gusta hacer para sacar el estrés?

23. ¿Cuál es una de las cosas que más me gusta hacer para pasar un sábado?

24. Nombra uno de mis mejores amigos de la infancia.

25. Nombra una de las mascotas de mi infancia.

26. ¿Cuál es una de mis revistas favoritas?

27. ¿Cuál es mi día de fiesta favorito?

28. ¿Cuál es mi programa de televisión favorito?

29. Nombra una de las cosas que me preocupan.

30. ¿Cuál ha sido uno de mis momentos más embarazosos?

31. ¿Cuál es mi postre favorito?

32. Nombra uno de mis restaurantes favoritos.

33. ¿Cuál es mi equipo deportivo favorito?

34. ¿Cuáles son mis dos amigos más cercanos (fuera de ti)?

35. ¿Qué acontecimiento estoy esperando ansiosamente que suceda?

36. ¿Cuál ha sido un momento difícil para mí?

37. Describe el ambiente familiar en el que crecí.

38. ¿En dónde me gustaría estar en cinco años?

39. ¿Qué es lo que me gustaría dejar como legado cuando muera?

40. Nombra tres características que espero que otros vean en mí.

Pronombres poderosos

Hablar sobre tu pareja como "nosotros" en lugar de "él (o ella)" y "yo" hace una diferencia en el matrimonio. Suena como algo simple, y tal vez lo sea, pero ya sea que describas a tu pareja como un equipo o como dos individuos realmente importa. Los investigadores matrimoniales que estudian cómo las parejas hablan de sí mismas, han encontrado que las parejas felices usan pronombres asociados como "nosotros" y "nuestro" cuando comparten sus experiencias.

Así que si alguien me preguntara sobre mi fin de semana, podría decir "Salimos a cenar a nuestro restaurante favorito, y fuimos a ver la película *Superman*", en vez de "Fui a cenar y a ver una película." Es sutil, pero ese cambio puede marcar la diferencia para tu conexión de pareja. Como me dijo mi cuñada, esto también se aplica a las veces cuando la gente trata de quedar en hacer algo contigo y tu esposo: "Es importante que estemos de acuerdo antes de quedar en algo", me dijo. "Queremos estar en el mismo punto." Es un principio vital para Scott y para mí. Es lo que Scott llama nuestro "frente unificado". Así que no importa si al principio no estamos de acuerdo en algo, como llegar a una cena familiar a las seis o a las siete, una vez que lo decidimos, respondemos de una manera unificada. "Nos encantaría llegar a las seis y media", en lugar de: "Bueno, él quería llegar a las seis pero yo pensé que era demasiado temprano." ¿Ves la diferencia? Todos tenemos la posibilidad de hablar de nuestra vida de cierta manera. Especialmente al compartir nuestra historia, nuestras experiencias y nuestros planes, elegimos crear un tipo de relación de pareja. ¿Ves a tu matrimonio como un equipo y lo expresas así?

Por un lado, a veces usar "yo" es importante. Cuando hay que describir opiniones o pensamientos únicos de tu personalidad, de acuerdo con la psicóloga Susan Heitler, usar "yo" puede ser refrescante y ayudar a que queden intactas las identidades separadas. A nadie le gusta sentirse sofocado o que su pareja esté tratando de dominar su personalidad. Así que decir: "Estamos felices de adquirir un gato", cuando en realidad sentimos lo opuesto, puede llevar a la frustración antes que a la conexión. Como explica Heitler: "La habilidad para mantener los límites claros entre tú y los demás te ayuda a individualizar, a sentirte legitimado en tener tus propias actitudes, creencias, deseos y a sentirte cómodo al dejar que tu pareja tenga sus propias actitudes, creencias y deseos que pueden diferir de los tuyos." Eso permite que el matrimonio quede conectado sin que sea agobiante.

Ambos tipos de pronombres tienen un lugar en el matrimonio. En pocas palabras, usar el "nosotros" es muy bueno para compartir experiencias, hacer planes y a crear un ambiente de equipo mientras que usar el "yo" le permite a cada persona sentirse cómoda comunicando su propia identidad y opiniones. Pon atención a los pronombres, y usa estas pequeñas palabras para fortalecer tu conexión y respeto a tu independencia.

Celebra a tu pareja

La ciencia del matrimonio nos dice que celebrar las buenas noticias con tu esposo o esposa es algo fundamental. De hecho, las investigaciones muestran que celebrar los buenos tiempos puede ser más importante para la felicidad marital que cómo manejemos los malos momentos. Piensa por un momento: la última vez que tu esposo o esposa llegó a casa con buenas noticias, ¿qué hiciste?

Un estudio muestra que el nivel de entusiasmo por las buenas nuevas puede afectar tu matrimonio. Para medir la importancia de celebrarlo juntos, investigadores de UCLA y de la Universidad de Rochester estudiaron cuatro diferentes maneras en que los esposos respondían a las buenas noticias. Un tipo de respuesta era activamente constructiva. Estas personas compartían su emoción y su apoyo de manera abierta. El segundo tipo era constructivo pasivo. Estas personas daban apoyo en las buenas noticias y los triunfos, pero de manera tranquila y quedándose en segundo plano. El tercer tipo es claramente destructivo. Estas personas no son entusiastas de las buenas noticias e incluso son desalentadoras. El cuarto tipo es pasivo deconstructivo. Estas personas no dan apoyo en los acontecimientos positivos y en los éxitos personales, pero tampoco los desalientan. Al medir la satisfacción, es bastante fácil adivinar que la gente que tiene cónyuges que dan respuestas desalentadoras reportaron menos grado de felicidad en su matrimonio. Pero de manera interesante, incluso gente con parejas pasivo-constructivas tenían menos grado de felicidad matrimonial que las personas con parejas activamente constructivas.

¿Qué significa eso para el matrimonio? Los investigadores concluyeron que cuando un cónyuge tiene buenas noticias o hace algo digno de mención, no es suficiente con apoyarlos calladamente. Las parejas necesitan declarar abiertamente su entusiasmo y su alegría por lo que el otro hace para crear conexiones positivas. Se necesita que sea tan obvio que el otro sienta de manera clara ese apoyo.

Esta es una parte divertida y gratificante de nuestro matrimonio: a Scott y a mí nos gusta celebrarnos uno al otro. De hecho pinté un plato antes de que tuviéramos hijos y ahora cuando alguien ha logrado algo importante, esa persona puede comer del "plato de las celebraciones". Es tan pequeño y tan fácil, y sin embargo para nuestra familia significa mucho. Como dijo Scott, "Me encanta usar ese plato. Es el símbolo de cómo celebras lo que hago. Me muestra que tu felicidad es la mía y viceversa. Eso es la vinculación afectiva."

Para los acontecimientos realmente importantes, podemos hacer algo mayor. Por ejemplo, cuando supimos que Scott había pasado el examen para la Barra de Abogados de California –el examen que debes pasar luego de salir de la escuela de leyes para poder ser abogado– fuimos a nuestro restaurante favorito a celebrar. Los cumpleaños y los aniversarios también son importantes. Salimos a cenar y los conmemoramos. Para mi último cumpleaños, me desperté con la casa llena de globos. Realmente me sentí amada. En el cumpleaños de Scott cuatro días después, se despertó y la casa estaba decorada con serpentinas. De acuerdo, eso toma más de dos minutos, pero lo que realmente importa es la actitud y eso puede darse en segundos. ¿Te sientes entusiasmado cuando tu pareja tiene algo que celebrar?

Una amiga compartió conmigo lo importante que era el entusiasmo de su esposo en sus logros. Shannon es atleta y entrenadora personal, y le gusta participar en muchos eventos. Recientemente logró un objetivo que buscaba desde hace siete años: una carrera en Lo Toja, 330 kilómetros de carrera en bicicleta cruzando Utah, Idaho y Wyoming. Cuando terminó la carrera, su esposo estaba ahí para celebrar con ella su éxito. "Cuando crucé la línea de meta", dijo, "me abrazó con lágrimas en los ojos, temblando, y diciendo 'Lo hiciste, Best (así es como nos llamamos uno al otro). No puedo creerlo... lo hiciste. Te quiero tanto.' Todo su corazón estaba ahí. No era que yo lo hiciera estar ahí. Él quería estar ahí. No querría estar en ningún otro sitio. Yo lo sentía. Ese tipo de apoyo honesto no se da sólo así. Los dos lo hemos trabajado durante todo nuestro matrimonio."

Yo podía sentir el amor en las palabras de Shannon cuando me escribió sobre lo agradecida que estaba por el apoyo y el orgullo que sentía su esposo. Para cada pareja, celebrar al otro es importante, ya sea por pasar un examen, publicar un artículo, terminar una carrera, perder esos últimos tres kilos o tan sólo tener un cumpleaños. Celebrar algo muestra que la felicidad y éxito del otro es también nuestra felicidad y nuestro éxito. Lo que comunica es que somos un equipo, que estamos entrelazados y que tenemos un impacto en el otro.

Códigos de pareja

¿Hay palabras, frases, apodos o chistes privados que tengas con tu cónyuge que nadie más entiende? Los investigadores matrimoniales dicen que eso es algo bueno. Puede ser una frase secreta que en realidad quiere decir "Vámonos de la fiesta" o un apoyo cariñoso, estos códigos crean un sentido de "nosotros". Los apodos y las palabras cariñosas, en particular, son conectores poderosos que fortalecen el vínculo invisible entre la pareja. Crean una frontera, marcando la relación como algo exclusivo. Tienen algo juntos que no tienes con otra persona. Para Scott y para mí, si alguno de los dos dice: "Oye, mejor amigo" el otro siempre responde: "Oye, amor". Es un código que no usamos con nadie más.

Mi padre y mi madre tienen apodos que han evolucionado con el tiempo. Empezaron llamándose uno al otro "conejito querido", lo que todavía suelen hacer. Recientemente, descubrí que el término ha evolucionado a "conejito". Sonreí cuando lo escuché porque es algo tan tonto y tan tierno al mismo tiempo. Para ellos una sola palabra significa "te quiero tanto que voy a llamarte por un nombre que ambos consideraremos especial y que será sólo para nosotros".

Si no lo tienen todavía, creen sus propios términos cariñosos para el otro. Pueden ser términos ya usados –como cariño o amor– o algo gracioso por alguna historia que sólo ustedes comprenden. No tiene que ser significativo sino para ustedes dos. Considera estos apodos extraños de parejas reales: *Big Daddy Rabbit* (Gran papá conejo), *Boobala, Bunnie Mae, Cherry* (Cereza), *Corn Chip* (Hojuela de maíz), *Fez, Girdle, Hoki Fish, Moo, Loopy, Nude, Peeper, Poochy, Pookey Pie, Rapster, Rotunda, Sneezy, Sparky, Stinker, Sushi* y *Zaddy.* Sea lo que sea, asegúrate de que los hagas sonreír a ambos. Los términos cariñosos que son únicos ayudan a consolidar la conexión de pareja.

Otras palabras tienen el poder de bendecir o de curar. Elige las palabras que te ayudarán a estrechar el vínculo entre ustedes. Usa regularmente las palabras que pueden ayudar a tu esposo o esposa a sentirse amado, apreciado y respetado. Usa palabras que te ayuden a conocerlo mejor y que lo hagan sonreír. Muéstrale que te importa y que te das cuenta de todo lo que hace. Cualquier cosa que hagas, asegúrate de usar las palabras como una fuerza de bienestar en tu matrimonio y tu amor crecerá.

Acciones a realizar en dos minutos

(para completar una vez y repetir muchas veces)

◗ Encuentra un momento inesperado, fuera de la rutina, para expresarle a tu pareja un "te amo".

◗ Elige algo que haga por lo que sientes gratitud y exprésale qué es y por qué lo valoras y agradeces.

◗ Identifica qué admiras del otro y dilo.

◗ Hazle un cumplido.

◗ Haz algo que le haga sonreír, ya sea un chiste, una historia graciosa o algo tonto.

◗ Elige dos preguntas de este capítulo que les permita conocerse mejor ¡y disfrutar al descubrirse!

◗ Piensa en cómo discutieron su historia compartida. ¿Usaron "nosotros" o "yo"? Recuerda que usar pronombres de pareja como "nosotros" crea unidad.

◗ La próxima vez que tu pareja te dé buenas noticias, celebra de manera abierta y con entusiasmo su emoción.

◗ Usa un término cariñoso con tu pareja, que sea significativo sólo para ustedes.

Capítulo 5

Pasar al acto: pequeñas acciones que hacen la diferencia

"El amor no es sólo pensar en él;
es hacerlo. Es amar."

Eric Butterworth, ministro estadounidense

Logramos conexiones con nuestra pareja con cada pequeño acto amoroso que hacemos. Con el tiempo, estos actos aparentemente sencillos mantienen el cariño vivo en nuestro matrimonio. Ya sea prepararle su bebida favorita, escribirle una nota amorosa sencilla, recibirlo con un abrazo y una sonrisa en la puerta, o ponerle una canción de amor, estos pequeños gestos de afecto hacen una gran diferencia en el espacio que está entre nosotros. Estos son los actos que nos mantienen juntos.

Crea rituales

Tener pequeños rituales que significan algo para nosotros crea un sentido de relación único que dura en el tiempo. Pueden ser simples, incluso mundanos, pero estos rituales amorosos, que se hacen una y otra vez, son una manera segura de recordarle a dos personas lo que hace una pareja. Como dicen las investigadoras Carol Bruess y Anna Kudak en sus estudios de los últimos quince años, las parejas tienen rituales que son "el latido del corazón de tu matrimonio: continuo, repetido, y que con frecuencia damos por hecho."

Por ejemplo, considera a la esposa que encuentra un poco de pelusa en el ombligo de su marido. Primero se lo quitó entre bromas. Luego comenzó a revisar cotidianamente su ombligo, hasta el punto que sigue haciéndolo desde hace diez años. En los días en que no tenía pelusa, su esposo se ponía un poco para que su esposa pudiera encontrar algo. Ese ritual de búsqueda y limpieza se volvió tan significativo que ella comenzó a guardar la pelusa en una cajita de estaño. ¿Asqueroso? Puede ser. Pero para este matrimonio el ritual del ombligo era gracioso y una manera única de conectar cada día. Scott y yo tenemos un ritual que hemos apodado "el abrazo de la escalera". Scott es varios centímetros más alto que yo, pero cuando estoy parada sobre el escalón, mis brazos se enlazan agradablemente alrededor de su cuello. Cuando empezamos a salir juntos, y encontrábamos una escalera, parábamos y decíamos: "¡El abrazo de la escalera!" Y pronto nos enlazábamos en nuestro abrazo favorito. Ya llevamos haciéndolo por años, en el exterior, en el interior, en casa, sólo necesitamos una escalera. Es algo simple que significa mucho para nosotros.

Aquí hay otro ritual tonto que comenzamos a hacer cuando empezamos a salir: lo llamamos "todo Bill". Si yo veo un animal –vivo, en estatua, de peluche o de otra cosa– lo llamamos Bill. Bromeábamos que nuestro primer hijo debía llamarse William, para poder llamarlo Bill. Recientemente en un viaje en canoa para nuestro aniversario de trece años de matrimonio, vimos un halcón que parecía seguirnos. Me volví hacia Scott y le dije: "Llamémoslo Bill". Scott se rió. Nadie más lo hubiera entendido.

Busca maneras para crear rituales en tu relación, ya sea buscando pelusillas, usando una frase especial, siendo el primero en poner pasta en el cepillo de dientes del otro, rozarse las narices antes de dormir o una manera única de apostar quién está en lo correcto. (Scott y yo tenemos un hábito de apostar millones contra el otro cuando no estamos de acuerdo en algo. Pensamos que es una apuesta segura ya que tenemos la misma cuenta bancaria...) Cuando lo haces, puedes usar estos rituales con frecuencia para fortalecer tu conexión única de pareja.

Sirve a tu pareja

Un ingrediente importante para el amor duradero es servir al otro cariñosamente sin esperar nada a cambio. Mientras más estemos dispuestos a hacer cosas desinteresadamente, más encontraremos manera de hacer que el otro sea feliz, y más recibiremos a nuestra vez ese amor en un cortejo alegre y significativo.

Un paso que puede ayudarte a hacer esos actos de servicio es tener una comprensión clara de tus responsabilidades. Las citas románticas son tan divertidas y gratificantes en parte porque cuando dos personas están en el momento del cortejo no tienen que pensar en todas las responsabilidades de la vida. ¡No es raro que así sea tan fácil enamorarse! Y luego, cuando se casan y viven juntas y comienzan a enfrentar la cotidianeidad –la carrera, la casa y las responsabilidades de los hijos– entonces el paisaje cambia totalmente. Y no tiene que cambiar para peor. Las investigaciones muestran que las parejas son más felices cuando cada uno entiende qué tiene que hacer. Y las reglas en la sociedad de hoy son más flexibles que nunca, así que cada pareja puede decidir. Una vez que las parejas saben cuáles son sus responsabilidades, pueden hacer conexiones amorosas al dar un paso más allá y servir cariñosamente a su cónyuge.

Mi amiga Melissa me contó cómo se siente querida cuando su esposo se ofrece a ayudarla con sus responsabilidades. "Hace poco estábamos poniendo a los niños en la cama, y de repente me di cuenta de que había olvidado ir por leche", dijo ella. "Así que me volví hacia Greg y le dije: 'Después de poner a los niños en la cama, voy a salir por un poco de leche.' Entonces él dijo 'Yo iré.' Yo le dije que como yo lo había olvidado, me tocaba ir, pero él dijo: 'Yo quiero hacerlo. Te amo.' Parece como una tontería, pues no fue la oferta de hacer la compra lo que me derritió, sino el que realmente él quería hacer algo para mí. Era algo pequeño, pero me mostró que me quiere."

Este es un lenguaje del amor que tiene los mayores puntos en mi libro. Scott sabe que nada me fascina más que verlo con un delantal poniendo los platos en el lavaplatos. Oh, cómo me encanta con el delantal. Esto no exige mayor entrega, en pocos minutos puede hacerse. Yo soy la que habitualmente recoge la mesa para que él pueda pasar tiempo con los niños, porque no los ve en todo el día. Pero cuando decide limpiar los platos, saber que quiere ayudarme significa mucho para mí. Es algo que me dice "me importas y me importa hacerte feliz".

Mi cuñada Lindsay está totalmente de acuerdo conmigo. Cuando le pregunté cómo se siente amada por su esposo, dijo de manera directa: "Me encanta cuando me ayuda en la casa con los niños." Es un sentimiento común, especialmente para los padres con niños pequeños para los que las tareas del hogar parecen no tener fin. La tía de Scott, Holly, expresa hasta qué punto se siente amada cuando su esposo se está haciendo cargo de los niños: "Cuando se hace parte de mi vida ayudándome a hacer las cosas que hago como madre", dice, "me da una sensación profunda de que se está ocupando de mí."

Hasta las cosas pequeñas de las que nunca has hablado, pero que de todos modos requieren que se hagan, nos dan oportunidades de servicio. Cuando le pregunté a mi vecina Carol por las maneras en que se sentía amada por su esposo Bob desde hace 58 años, la primera cosa que me dijo fue: "Él limpia mis lentes cada mañana. Está pensando en mí y trata de hacerme sentir bien." En respuesta, Bob me dijo como eso es algo en lo que no piensa mucho, pero que simplemente le gusta hacer. No es raro que su mujer sintiera su amor. Scott también hace un pequeño acto amable de la misma manera. Él sabe cuánto me gusta el jugo de naranja por la mañana, y le gusta traerme un vaso en el momento en que me despierto. Está feliz de sorprenderme, sin que yo tenga que pedírselo. Me encanta que me conozca y quiera hacer algo para mí porque sí.

No es difícil encontrar maneras para servir a tu pareja. Scott me dijo recientemente que algo pequeño que hice hace unos meses significó mucho para él. Estábamos en Yellowstone, y nuestra familia de cinco miembros estaba quedándose en una habitación de motel con los niños en bolsas de dormir. Scott planeaba salir a las cinco de mañana para un paseo en bicicleta. Sabía que estaría oscuro y todos estarían durmiendo, pero también sabía que Scott querría algo para desayunar. Le puse un plato de cereal para que sólo pusiera leche y se fuera y no tuviera que sacar todo de las bolsas de comida con tres niños durmiendo en el piso. No pensé mucho en ello y literalmente me tomó menos de dos minutos hacerlo. Pero Scott dijo: "Era ya el final del día y debías estar muy cansada. No sólo trajiste las cosas para mi desayuno favorito, sino que lo dejaste listo para mí. Eso significó mucho. Estabas pensando en mí." Todavía recordaba este pequeño acto tres meses después.

Encuentra una manera de servir a tu pareja. Puede ser tan fácil como cambiar un pañal sucio, ir por leche, planchar una camisa, hacer la cama, limpiar la entrada de la casa, hacer la comida, sacar la basura o limpiar los lentes –lo que importa es que estés haciéndolo por el otro, entonces es un acto de amor. Estos actos simples de servicio comunican con claridad "tu felicidad es la mía". Incluso haciendo los trabajos que se "supone" que debes hacer es una señal de que te importa su bienestar y que te cumplan los compromisos que han hecho entre ustedes.

Si quieres que tu pareja note y aprecie estos pequeños actos, hazlos y repítelos con frecuencia.

Bríndale tu apoyo

La clave para una relación sana es darse tiempo para aquello que cada persona ama individualmente. Los terapeutas matrimoniales Les y Leslie Parrot describen a la pareja ideal en términos de niveles de dependencia e independencia. Las parejas que tienen demasiada independencia, que no conectan o cuentan con el otro lo suficiente, tienen lo que ellos llaman una relación "H". Si se rompe el vínculo, las dos partes están bien solas. Del otro lado del espectro, hay una relación "A". Si se rompe el vínculo, los dos se tambalean. Lo ideal es la relación "M", donde cada lado necesita del otro, pero son lo suficientemente independientes para pararse en sus propios pies.

Una manera de mantener un sentido de la independencia es apoyar los intereses individuales y los *hobbies*. Cuando una de las partes es capaz de decir: "Por favor, toma algo de tiempo para hacer lo que te gusta", la relación se fortalece porque 1. el individuo se renueva en la oportunidad de seguir una pasión individual y 2. la persona que recibe la luz verde para hacer algo para sí siente el apoyo y afecto del otro. Una oferta de apoyo es otro signo de "tu felicidad es la mía".

Dar apoyo es más que aceptar a regañadientes que el otro tenga un poco de tiempo personal. Es, como mi amiga Shannon dice, "dar apoyo con el alma y el corazón". Shannon, una atleta con mucho talento, me habló del apoyo que le da su esposo en todas las circunstancias. "Me habla mucho de eso, se siente feliz con mis éxitos, me ayuda en los tiempos duros, participa conmigo en algunos actos de entrenamiento, aun cuando no es lo que más le gusta hacer", dice.

"Me registra por internet en las competencias porque sabe que me siento culpable de los costos. Lo hace para evitar que me sienta mal. Casi no tengo ni que pedírselo, él sabe cuáles son las competencias que me gustan y me registra. No me deja que me sienta culpable por el tiempo que me toma entrenar. Y siento su felicidad y alegría por mí cuando lo hago bien, y su tristeza y frustración cuando no lo consigo."

Ese tipo de apoyo cariñoso por una actividad que le encanta al otro no toma mucho tiempo, y no es difícil hacer si realmente quieres su felicidad. En mi caso, aprecio mucho cuando Scott viene y me sugiere que tome tiempo para ir a correr o para escribir. Recientemente me dijo: "Sé que tienes una fecha límite pronto, con todo lo que tienes que hacer con los niños y la casa. ¿Por qué no me quedo con los niños el próximo sábado mientras tú aprovechas el día?" ¡Guau! Sentí que realmente me quería con esa simple sugerencia. Me conocía y sabía lo que necesitaba y me hizo la oferta.

Incluso, sólo saber lo que tu pareja necesita muestra amor. Scott me ha expresado lo importante que es para él que lo apoye con lo que él necesita para su trabajo. "Tú aceptas la importancia de mi papel como proveedor", dice. "Y asumes todo sin quejarte. Me preguntas cómo me puedes ayudar. Eso hace más fácil manejar el estrés de proveer lo necesario para nuestra familia."

Mis vecinos, Bob y Carol, han educado once hijos en su matrimonio de 58 años, y me han confirmado la importancia de este tipo de apoyo en su felicidad matrimonial. Cuando le pregunté a Bob cuál ha sido el secreto de su éxito, me dijo: "Ella siempre me ha dado mucho apoyo en todas las cosas que he necesitado hacer en la iglesia y en el trabajo. Nunca se quejó. Siempre ha estado ahí." A su vez, ella me comentó lo mucho que aprecia que "él siempre haya estado tan dispuesto a apoyar mis intereses también y darme mi propio tiempo. Eso me ayudó mucho." El apoyo mutuo les ha ayudado claramente a sentir el amor del otro y fortalecer el deseo para dar.

Por supuesto, no puedes estar siempre en tus propias cosas. Pero un cierto grado de independencia sana es esencial. Como dice el marido de mi madre, Bob: "A veces en el matrimonio puedes sentir cuando tu esposa necesita un poco de espacio y tiempo para hacer lo que necesite. Toma un poco de práctica, y ten cuidado con no dejar que tus intereses bloqueen los del otro. Tomar un poco de tiempo para tus *hobbies* es importante. Entonces cuando vuelves con el otro, puedes reconectar y sentirte más cerca."

Deja una nota cariñosa

¿Cuánto tiempo te toma escribir tres frases? Menos de dos minutos, estoy segura. Las notas cariñosas son una de las cosas más fáciles que podemos hacer por nuestro esposo o esposa, y sin embargo tiene un gran poder. Si dejas un pequeño Post-it en algún lugar en que tu pareja pueda encontrarlo y lleve el mensaje "Hey, ¡estoy pensando en ti ahora!" Eso es combustible para el fuego amoroso.

Mediante las pequeñas notas cariñosas, mi amiga Melissa ha ayudado a su esposo, Greg, aun cuando ambos estaban lejos uno del otro. Cuando le pregunté a Greg si se sentía amado por su esposa, me dijo: "Yo viajo bastante, y a veces estoy fuera una o dos semanas. Me fui a un viaje de negocios de un par de semanas cuando nuestra hija Sarah acababa de nacer. Y me apoyó mucho. Como me voy más de dos días, con frecuencia hago una maleta grande. Melissa escribe pequeñas notas que esconde en mi equipaje y que me encuentro un par de días después. Esas notas expresan muchas cosas, entre otras el aprecio por lo duro que trabajo y los sacrificios que hago por mi familia. Siempre tengo ganas de leer sus pequeñas notas. Ellas siempre me recuerdan que somos un equipo, donde los dos estamos bien acoplados para sacar a nuestra familia adelante. Esto me facilita desempeñarme como proveedor, sabiendo que Melissa es tan comprensiva."

Al dejar estas notas, Melissa y su esposo se acercaron más, aun cuando estaban en dos continentes distintos. Es fácil ver el impacto que tiene algo tan aparentemente pequeño en su esposo.

La otra noche Scott y yo salimos a cenar, y comenzamos a hablar sobre estas notas cariñosas. Me recordó la vez que le dejé una notita en el almuerzo que se llevó al trabajo. Estaba comiendo con su colega cuando la encontró. Me dijo: "Esa nota fue apenas una cosita, pero me hizo saber que estabas pensando en mí. Llevó nuestra relación a primer plano y me hizo sentir mucho amor. Nuestra relación es mi refugio. El amor hace eso. Es curativo. Esos pequeños avisos me ayudan a recordar por qué estoy haciendo todo esto." ¿No es increíble? Verdaderamente, era una notita cuadrada de unos centímetros con dos frases, pero para él significaba el mundo en ese momento.

Deja a tu pareja una nota cariñosa, incluso como lo hace Melissa que es tan creativa, en un pedazo de papel higiénico. Pon una donde creas que la va a encontrar. Hazle saber lo mucho que lo quieres, aprecias y lo admiras. Déjale saber lo mucho que te gusta verlo de nuevo. Tu pareja apreciará tus esfuerzos, y ambos sentirán la conexión amorosa que se establece en el espacio entre ustedes.

Sorprende a tu pareja

¿Acaso no nos gustan a todos los regalos? Un regalo significa que alguien ha pensado en mí y ha elegido algo que creyó que me gustaría.

Qué manera tan divertida y fácil de conectar con tu cónyuge, al traerle a casa una sorpresa.

Gary Chapman, autor de *Cinco lenguajes amorosos* (*Five Love Languages*), relata la historia de una mujer que sintió un cambio completo en su relación cuando su marido comenzó a traerle regalos sorpresa. El matrimonio se había visto afectado, así que el Dr. Chapman le sugirió al marido que llevara regalos a casa. Cuando empezó a traer pequeñas cosas (como una planta, pizza para cenar, o algún detalle para los niños), se dio un gran cambio. Su mujer dijo: "No creerías lo feliz que hemos sido. Nuestros hijos nos llaman ahora los tortolitos."

Mi buena amiga Julie me contó lo que las sorpresas significan para ella: "Tan sólo hoy Steve me escribió una nota muy dulce, me trajo mi bebida favorita y un paquete de chicles y los escondió en el baño donde pudiera encontrarlos. Me hizo feliz saber que había estado pensando en mí." Comprar chicles y una bebida en la tienda en su camino a casa seguramente no le tomó mucho tiempo. Fue muy simple, y es una de las maneras cómo Julie se siente querida en su matrimonio.

Un pequeño detalle puede hacer maravillas. Cuando le pregunté a mi suegro cómo se siente querido por su esposa me dijo: "Cuando llego a casa del trabajo, Mary con frecuencia ha comprado algo para mí, una galleta, o una fresa cubierta con chocolate. No es para mi cumpleaños o para el día del padre o nuestro aniversario. Es simplemente una sorpresa en un día cualquiera. Significa mucho porque al final de un día largo, es divertido llegar a casa y tener una dulce sorpresa. Pero más que eso, es algo que me dice: 'Incluso cuando no estoy contigo, estoy queriéndote.'"

Y lo puedo entender. Casi siempre, cuando le pido a Scott que compre algo de la tienda en su camino a casa, compra un bote de helado de Ben and Jerry para mí. Cuando llega a casa, saca furtivamente el helado –por lo general un nuevo sabor que no he probado– y me lo enseña sin que los niños lo vean. Es su manera de decir: "Esto es solo para ti." Es tan tierno y me hace amarlo más que los dos minutos anteriores.

No tiene que ser una sorpresa dulce. Si yo trajera a casa un bote de helado para Scott, no comprendería. (El hombre no ha comido un postre en los últimos quince años, pero ése es un tema para otro libro.) Una cosa que a Scott le encanta es cuando lo sorprendo limpiando el coche, especialmente antes de salir de vacaciones. A la mayoría de las mujeres –por lo menos las mujeres que conozco– les gustan las flores. Uno de los clientes de Scott le preguntó recientemente "¿Cuándo fue la última vez que le llevaste flores a tu esposa?" Scott lo pensó y luego dijo: "Bueno, solía hacerlo antes con más frecuencia. Hace tiempo que no lo hago." Entonces el cliente le dijo que fuera a comprar unas flores de camino a casa. ¡Qué hombre más sabio! Sabe lo mucho que algo tan simple y tan tonto como una flor, que muy pronto comenzará a marchitarse, significa para una chica. Scott siguió sus órdenes (y ese cliente se volvió uno de mis favoritos), y de hecho ha tratado de hacerlo más frecuentemente a partir de ese día. Piensa en lo que le gusta a tu pareja y llévale una sorpresa. Te sentirás feliz de haberlo hecho.

Conecta por teléfono

Simplemente llamando a tu pareja durante el día crea una conexión que dice: "Estás en mi mente." Se siente muy bien saber que alguien, mi persona favorita, está pensando en mí. Me encanta cuando Scott llama a lo largo del día para decir: "Hola", incluso si tiene que dejar un mensaje en mi teléfono. Me gusta especialmente porque sé que no lo hace porque esté aburrido y no tenga nada que hacer (aunque de todos modos me gustaría ser la persona que llama en esa circunstancia). Ya que tiene un trabajo muy exigente, sé que está continuamente corriendo de una cosa a otra, así que se tome unos momentos para llamar me hace sentir importante.

Mi amiga Diana, que acaba de celebrar su aniversario de bodas número 48, sabe que esas llamadas son un secreto para el éxito marital. Como me dijo: "Cada vez que mi esposo deja la casa para hacer algún encargo, antes de que se cierre la puerta del garaje, me llama de su celular para decirme: '¡Querida, ya te estoy extrañando!'" Durante años la ha llamado varias veces al día para decirle que la ama, ante lo cual ella está "profundamente agradecida". Varias veces al día. ¡Qué diligente! Este no es un hombre que no tiene nada que hacer en el día y que tiene mucho tiempo. Es un hombre muy trabajador, y muy exitoso, que también es un esposo muy comprometido. Qué suerte tiene. Esa mujer realmente siente, sin lugar a dudas, el cariño de su esposo.

Muchos podemos usar el teléfono para mandar un texto rápido que dice "Estoy pensando en ti" o "Sólo quería decirte que te quiero", o algún otro mensaje amoroso. Por ejemplo corazones en el día de San Valentín. No tiene que decir mucho para significar mucho. Mandarle a Scott un mensaje de texto cuando está en el trabajo es algo que trato de hacer para continuar conectados. A veces tengo que recordármelo ya que estoy muy ocupada con un millón de pequeñas cosas durante el día. Pero el momento en que lo pienso, saco mi teléfono. Le escribo algo para decirle que estoy pensando en él y que estoy agradecida de que esté conmigo. Especialmente cuando estaba preparando el lanzamiento de un nuevo negocio, y sabía que experimentaba mucha ansiedad, esto era importante. Con frecuencia le enviaba mensajes para que sintiera mi confianza y mi fe en él. Luego vino a casa en varias ocasiones especialmente agradecido, diciéndome "Eso significó mucho para mí."

Puede parecer simple, pero este tipo de conexión es más combustible para el fuego. Como dice el Dr. Gottman: "El romance en la vida real está alimentado por un acercamiento más rutinario (que unas grandes vacaciones espectaculares para dos). Éste continúa vivo cuando le permites al otro que se entere de que es valorado durante la monotonía de la vida cotidiana... Crece cuando sabes que tu pareja tiene un mal día y te tomas 60 segundos de tu día de trabajo para dejar palabras de ánimo en su buzón de voz." Una simple llamada de teléfono o de texto puede hacer maravillas.

Saludos efusivos

La manera en que un matrimonio conecta tiene un gran impacto en el ambiente en que se desarrolla. Los investigadores han encontrado que la primera conversación de una pareja después de haber estado separados puede predecir su estabilidad. Si los esposos parecen genuinamente interesados y entusiasmados de verse, este mensaje conecta a la pareja. Por otro lado, considera a la esposa que comparte algo que le parece interesante cuando su esposo llega y él casi no la escucha. Esta reacción puede ser dolorosa. Luego cuando él trata de compartir algo de su día de trabajo, ella se siente resentida de lo que pasó justo antes y no responde de manera positiva. Las primeras palabras tienen el poder de construir o romper el resto de las interacciones del encuentro.

En su libro *Crear un matrimonio íntimo* (*Creating an Intimate Marriage*), el Dr. Jim Burns comparte el experimento simple de la esposa que ya no se siente cercano a su marido. Ella expresó su frustración al sentir que él se alejaba cuando llegaba a casa del trabajo. Su trabajo era tratar de saludarlo de manera diferente cuando entrara a casa. En lugar de darle una lista de sus necesidades y frustraciones, debería recibirlo con un abrazo y un beso apasionado. Luego, preguntarle sobre su día y tratar de evitar esa noche cualquier punto de conflicto. Crear un ambiente ligero. Con mucho escepticismo, aceptó intentarlo.

Al día siguiente, le contó al Dr. Burns: "¡Nunca creerá lo que pasó! Hice lo que usted sugirió, aunque sentí raro. Pero él se quedó en la cocina y me ayudó con la cena. Lavó los platos conmigo. Al terminar, en lugar de ir directo a la televisión, me preguntó sobre mi día. Luego fuimos a comprar unas cosas juntos y paramos en el Starbucks sólo para hablar. Jim, usted no lo entiende… ¡fue un milagro!" El marido de esta mujer necesitaba desesperadamente sentir su afecto, además de tener una conexión positiva con ella. Porque ella conectó de manera positiva con él cuando se encontraron, el espacio entre ellos se llenó de energía amorosa y afectiva. Él se sintió atraído hacia ella. El resto de la noche tuvo un impacto por la manera cómo ella lo saludó en la puerta. Y eso sólo fue una noche. Considera el efecto de ese tipo de ambiente en el tiempo. Un simple saludo cariñoso puede hacer milagros en la relación de pareja.

¿Quién es el número uno?

Cuando mostramos a nuestra pareja que está en la parte prioritaria de nuestra lista, le comunicamos amor y se estrecha nuestro vínculo. Eso lo lograrnos cuando comunicamos con actos y palabras que nadie ni nada –ni el trabajo, ni los amigos, ni los niños, ni los padres, ni los *hobbies*, ni la tele, ni internet– son más importante que nuestro cónyuge.

Hace varios años, Scott y yo nos veíamos para almorzar juntos un día a la semana. Vivíamos en San Diego entonces, así que lo recogía en su oficina en el centro y uno de nuestros lugares favoritos estaba a diez minutos, Seaport Village. Allí hacíamos un *picnic* y caminábamos con nuestro hijo en la andadera. Nos encantaba ese tiempo que pasábamos juntos. Un día después del almuerzo, Scott tenía una tarde más flexible y me dijo: "¿Qué tal si me salto el resto del día y vamos juntos al Wild Animal Park?" Estoy segura de que yo tenía una larga lista de cosas que hacer, pero me encantó dejarlo todo para pasar el resto del día con él. Cuando Scott y yo estábamos recordando este tiempo de nuestra vida, me dijo lo mucho que significaba para él esas salidas regulares y que yo siempre dijera "Sí" si él tenía la flexibilidad para quedarse más tiempo. Como me explicó: "Me encanta que estés siempre lista para estar conmigo si tengo algo de tiempo libre. No importa lo que sea, si estoy disponible, tú dejas todo de lado."

Por suerte para mí, es muy fácil hacerlo porque me gusta mucho estar con Scott. Es un tipo muy ocupado, así que cuando tiene un momento libre para jugar, yo también quiero participar. Es algo que va en los dos sentidos. El hecho de que cuando tiene un poco de tiempo quiere pasarlo conmigo es algo que me hace sentir amada. Yo sé que soy su número uno. Él lo comunica así, incluso con detalles muy pequeños. Por ejemplo, nos gusta conectar al final del día, cuando nuestros hijos ya están en la cama, es el momento en que nos ponemos al día. A veces Scott puede estar a la mitad de un proyecto en su iPad cuando entro en la habitación. Usualmente es muy bueno para mirarme y decir: "Estoy feliz de poder conectar contigo. Sólo necesito dos minutos para terminar algo." Allí me hizo sentir que yo era su número uno, aun cuando tenga muchas cosas en mente.

Incluso algo tan simple como acompañar a nuestra pareja a la puerta cuando se va, tiene impacto. Scott me dijo recientemente lo mucho que significa para él que lo acompañe por la mañana. "Tienes un millón de cosas que hacer", me dijo. "Pero esto es en lo que te concentras: acompañarme a la puerta. Todo lo demás puede esperar."

Eso le permite saber –en los dos minutos que lo acompaño a la puerta, le doy un abrazo y le digo que lo extraño– que es más importante para mí que cualquier otra cosa que pueda estar haciendo.

Seamos claros: hacer que tu pareja sea tu número uno no significa que sea el único interés en tu vida. También es importante tener otros intereses personales y otros amigos. El punto es que él o ella sepa que es más importante que otras cosas en tu lista por las pequeñas acciones que has hecho para mostrárselo. Además que si se siente el número uno, va a tener más ganas de apoyarte en tus intereses.

Considera cómo puedes hacerle saber que encabeza tu lista. Si tiene un momento para estar contigo, hazle saber que no hay nada mejor que te gustaría hacer que estar ahí. Al final del día, cuando tengan un momento juntos, dale toda tu atención. No comiences a jugar con el teléfono, a ver las últimas noticias de las redes sociales o tus correos electrónicos. (Lo admito, yo he sido culpable de esto.) En lugar de eso, conecta con él o ella antes de retomar algún proyecto personal. Cualquier tiempo que tengas puede hacerle sentir a tu esposo o esposa que si tuvieras que elegir estar con él o con ella y estar con otra persona, ver los deportes, un programa de televisión, o cualquier otra actividad, elegirías a tu pareja. Ese mensaje simple hace una diferencia.

¿Estás escuchando?

Nosotros somos el mayor confidente y apoyo de nuestra pareja y, por tanto, su mayor escucha. Desde mi perspectiva, cuando Scott quiere escuchar lo que me pasa por la mente, su actitud es curativa y nos ayuda a conectar. Sé que le importo y también le importa lo que quiero decir.

Por supuesto, escuchar es mucho más que oír. Como le recordé a mi hija recientemente a la hora de la cena, si alguien te cuenta una historia y tú haces caras y miras para otro lado, puede ser que estés "oyendo" las palabras, pero no estarás escuchando. Escuchar realmente tiene que ver con la atención física por medio de nuestro lenguaje corporal, mostrando interés, haciendo preguntas para entender mejor y responder con empatía.

Piensa en el tipo de escucha que eres. Considera tu lenguaje corporal cuando tu pareja te cuenta algo: ¿La miras? ¿Estás inquieto? ¿Le das toda tu atención? Estas simples consideraciones pueden ayudarte a volverte una mejor escucha. Como dice la tía de Scott, Holly: "Me siento querida cuando Chris me mira, cuando realmente me mira, en el momento en que estoy hablando." Es tan simple como eso.

Luego pregúntate si te muestras interesado en lo que tu cónyuge tiene que decir. ¿Haces preguntas? ¿Asientes o le das pistas verbales de que sigues lo que dice? ¿Puede estar seguro de que te importa lo que dice, incluso si no estás tan interesado en el tema? Me gusta mucho cómo mi amigo Brian describe su aprecio por los intentos que hace su esposa por mostrar interés en su trabajo de planeación financiera. "Se muere de aburrimiento cada vez que le hablo de mi trabajo, pero actúa como si le interesara. Aunque sé que es una actuación, también es una manera de mostrar que está involucrada en mi vida y que le importo más que mi trabajo." ¿No es maravilloso? Su esposa no comparte la profesión de él, pero al escuchar y mostrar interés, le comunica su amor.

Finalmente, pregúntate si eres bueno para expresar tu comprensión y tu apoyo luego de haber escuchado. Es increíble lo maravilloso que se siente compartir con Scott las cosas locas, frustrantes o graciosas que pasaron durante el día y tenerlo ahí tan solo escuchando, y luego intervenir con frases tan simples como: "¡Guau, debió haber sido horrible tener que limpiar el vómito, la leche derramada y la caquita en un periodo de dos horas!" Y pues sí, muchas gracias. Estoy agradecida. Como dice mi amiga Melinda: "Una de las cosas que más disfruto de mi matrimonio y que creo que se fortalece diariamente, es tomar unos minutos para hablar y escuchar al otro. Especialmente estando con los niños, creo que unos minutos de conversación adulta no tienen precio. Una de mis cosas favoritas es cuando mi marido toma un poco de tiempo para contarme de su día, y yo puedo compartir historias y preocupaciones del mío. En los días en que no podemos hacerlo, veo que estoy más irritable y deprimida." De verdad, una buena escucha es una de las cosas más curativas que hay.

El truco está en saber cuándo escuchar y cuándo resolver el problema. A veces la pareja necesita ayuda para resolver un dilema. Pero la mayor parte de las veces, el otro sólo quiere que escuchen sus pensamientos y sentimientos. (Un caso concreto: yo no quería que Scott me dijera que si yo hubiera visto que la taza estaba demasiado llena, la leche no se hubiera derramado.) Si no estás seguro si tu pareja quiere una sesión de lluvia de ideas para resolver algo, mejor pregunta (hablaré más sobre esto en el Capítulo 7). Parte de ser una buena escucha es estar abierto a los pensamientos y sentimientos del otro sin juzgar. Puede ser que después haya un momento para resolver algo, pero cuando necesita compartir, lo mejor es escuchar y responder con empatía.

¿Cuáles son los beneficios de tener a alguien que realmente escucha? No sólo es maravilloso tener a alguien que escucha nuestros deseos, sueños, pensamientos, experiencias y preocupaciones, sino que también es una parte importante para manejar el estrés de la vida diaria. Las investigaciones sugieren que una variable clave en cómo las parejas tienen una recaída luego de la terapia matrimonial está en su capacidad de mantener a raya el estrés cotidiano, para que no afecte su relación. Las parejas que se ayudan uno al otro al compartir sus asuntos y escucharse, permanecen más tiempo juntas.

Ya sea problemas en el trabajo, una historia interesante de las noticias, la preocupación por un hijo, el deseo de irse de vacaciones o un poco de leche derramada, ser una buena escucha muestra que nos importa lo que el otro tenga que decir. La próxima vez que tu cónyuge tenga algo que compartir contigo, asegúrate de mostrarle que estás listo y contento de escuchar. No es difícil hacerlo y puede tener un gran impacto. Como dice Bob, el marido de mi madre: "Muchas veces Susie me ve a los ojos y me sonríe cuando hablamos, incluso cuando no estoy del mejor humor. Eso tiene un gran poder curativo y expresa el amor que siente por mí."

Sé receptivo

En el matrimonio, las parejas buscan la atención y el apoyo del otro cuando hacen un comentario, hacen una pregunta, un chiste o dan una pista. Las parejas pueden responder y hacerle caso a su pareja o ignorar lo que le dice. Ser receptivo impacta en los sentimientos de amor y en la conexión que puede haber en el matrimonio.

La oportunidad de responder a las necesidades de nuestra pareja de ser escuchada es algo que pasa con alguna frecuencia. Si le digo a Scott que tuve la conversación más interesante con mi amigo hoy, tiene dos opciones: puede decir "Mmm" y seguir leyendo su correo electrónico (o seguir con lo que estuviera haciendo), o puede volverse hacía mí y preguntar: "¿De qué hablaron?" Scott puede decirme: "Hoy tuve un día muy frustrante", y yo decir: "Lo siento", o bien seguir haciendo lo que estuviera haciendo, o podría mirarlo y decir: "¿Qué pasó?" Scott puede decir "Esta nueva película parece muy interesante", y yo decir:

"Oh" y seguir con lo mío, o bien: "¿De veras? Dime de qué trata." ¿Ves la diferencia? Darse la vuelta o ignorar al otro dice: "No me interesa lo que tienes para decir." Por otro lado, ser receptivo y mirar a tu pareja dice: "Quiero saber más sobre ti, sobre tus intereses y sobre tus experiencias." Es una cosa fácil de hacer, y al elegir ser receptivo tenemos en las manos un mecanismo de conexión poderoso.

Como dice el experto matrimonial John Gottman en su libro *Diez lecciones para transformar tu matrimonio* (*Ten Lessons To Transform Your Marriage*): "Nuestras investigaciones muestran que esos intercambios son el material del que están hechos los matrimonios felices. Cuando uno de sus miembros quiere sexo, afecto, conversación o ayuda con el césped, la historia es la misma: uno de ellos hace una declaración en forma de comentario, gesto, pregunta o caricia, o una expresión facial. Y el otro "va hacia" esa declaración con interés, empatía o apoyo." Los matrimonios felices son receptivos al otro.

El poder de esta simple acción no viene de una respuesta positiva ocasional. Esto tiene que ocurrir regularmente. Como explica el Dr. Gottman: "El verdadero secreto es dirigirse hacia el otro en pequeñas maneras cada día. Una noche romántica fuera de casa realmente atiza el fuego sólo cuando la pareja ha mantenido la luz del piloto encendida, por medio de esas pequeñas maneras." La verdadera diferencia son esas pequeñas cosas que hacemos a lo largo del tiempo lo que marca la diferencia al crear una conexión. Si nos preocupamos por ellas, y somos receptivos a las llamadas de atención de nuestra pareja, estamos en el camino adecuado hacia un matrimonio amoroso y duradero.

Quiero lo que tú quieras

Una de mis historias favoritas del Dr. Seuss es la que se llama *The Zax*. En esta historia, una criatura llamada Zax va hacia el norte cuando encuentra otro Zax que va hacia el sur. Ninguno de los zax quiere moverse a un lado para dejar pasar al otro. Al final, ningún zax se mueve y una ciudad entera se crea alrededor de ellos, incluyendo "pasos elevados para zax". Las pobres criaturas nunca entendieron que con un simple paso a un lado, ambos hubieran podido ir a donde querían.

En el matrimonio, aunque esperamos no ir hacia direcciones opuestas, el mismo principio se mantiene. La habilidad para moverse a un lado de sus miembros es esencial, ambos tenemos diferentes deseos y necesidades de vez en cuando. Las investigaciones matrimoniales muestran que la pareja (especialmente los hombres) que se deja influenciar por el otro, tiene mayor habilidad para influir a su pareja a su vez. Aquellos que sienten que su pareja está dispuesta a escuchar y a cambiar de opinión también son menos críticos en el matrimonio. ¿Tiene sentido, no? Si siento que Scott valora mi opinión y está dispuesto a escuchar y ser influido por mí, me siento amada y respetada. Al saber que está dispuesto a caminar por mi camino también me ayuda a tomar el suyo. Es una danza curiosa y poderosa. Como pareja, nuestra habilidad para dar fortalece nuestra voluntad de ser persuasivo.

Me encanta ver a las parejas que parecen hacer esto sin ningún esfuerzo, en especial esas que han estado juntas por décadas. Parecen sentir lo que sus parejas necesitan o quieren y en lugar de quejarse de su cónyuge o decir: "No estoy haciendo esto por ti, torpe", quieren agradar al otro en lo que puedan. Recientemente en un viaje familiar a Yellowstone, nos quedamos en un pequeño motel administrado por un matrimonio de más de treinta años. Era 4 de julio y el marido salió de la parrillada con un par de carnes en un plato. Se volteó hacia mí y me dijo: "Mi esposa dice que necesita carne el 4 de julio, así que hago esta parrillada." Si la mujer fuera todo el tiempo demandante y nunca hiciera nada por él, esto sería difícil de hacer. Pero creo que es una de esas parejas que sienten placer en cumplir los deseos del otro. Lo mismo puede decirse de mis vecinos Bob y Carol. Cuando le pregunté a Bob si le gustaba hacer lo que Carol le pedía, me dijo: "Sí, y con el tiempo he aprendido que mientras más pronto, mejor."

Vístete para impresionar

Creo que la mayor parte de la gente estará de acuerdo con que lo que está en el exterior no es la parte más importante en una relación matrimonial satisfactoria. Pero piensa un momento en el tiempo en que estabas saliendo con tu pareja. ¿No era divertido encontrarlo en la puerta con el cabello peinado, recién rasurado y con un poco de agua de colonia? ¿No te encantaba verla a ella en el restaurante, muy arreglada, sabiendo que hacía eso para ti? ¿No era esa atracción física parte de la razón por la que te enamoraste al inicio? Aún ahora, ¿no es excitante ver que tu pareja todavía quiere impresionarte?

Recuerdo haber estado sentada en una clase de medios de comunicación en un grupo de posgrado. La profesora, un poco feminista, sacó una revista de los años cincuenta. Nos enseñó un artículo en el que hablaba de lo que se tenía que hacer una mujer cuando un marido regresa a casa. En el artículo, el escritor alentaba a las esposas a que se refrescaran y se pusieran algo de lápiz labial antes de que su marido entrara por la puerta. Todos nos burlamos. Yo misma me vi pensando: "Por favooor. Eso es ridículo. No necesito impresionar a mi marido. Me quiere tal y como soy."

Por supuesto que sí. ¿Pero aún así quiero impresionarlo? Y por lo menos, ¿debería hacerlo? Pensemos sobre ello. Por supuesto, nuestra pareja debería querernos como somos, y si quiero (o necesito) uno de esos días de no-llegué-a-meterme-en-la-regadera, no debería considerarme menos por ello. De hecho, tengo más cumplidos de mi querido mío cuando llevo pantalones de mezclilla, una camiseta y una cola de caballo que en otras circunstancias. Todavía no entiendo bien por qué. El asunto es que si nos arreglamos un poco para vernos mejor para nuestra pareja, entonces es una recompensa para todos. Es divertido verse y sentirse bien. (Para llegar a ese objetivo, podemos considerar hacer ejercicio regularmente, tener buena higiene, una dieta saludable y ropa que nos quede bien.) También es divertido para la pareja que ve que el otro luce genial.

Desde un punto de vista de un par de minutos, todo lo que se requiere es peinarte bien, elegir un atuendo que se te vea bien, tomar una pastilla de menta para la cita de esa noche, un poco de brillo labial. No es más que tratar de verse bien y sentirse mejor. Si te sientes valiente, puedes pedirle a tu cónyuge que saque de tu clóset todas las cosas que a su juicio no te quedan bien. Una vez oí una historia en el radio de una mujer que hizo esto. Cuando ella y su marido estaban saliendo, ella solía usar esos pantalones ajustados de leopardo. Pensaba que se veía muy bien en ellos, así que se los ponía casi siempre en las citas. Cuando se casaron, dejó que su marido sacara de su clóset todo lo que detestara. ¿Cuál fue el primer artículo que sacó? ¡Los pantalones de leopardo! Es un buen testimonio del hecho de que lo que está dentro cuenta más que lo que está fuera (se enamoró de ella a pesar de los pantalones).

Así que sí, el interior cuenta más, pero el exterior también importa. La próxima vez que salgas, vístete pensando en tu pareja. Incluso en la vida cotidiana, considera cosas que puedas hacer para que tu cónyuge pueda sonreír con tu apariencia. Cuando Scott se cambia después del trabajo, se pone algo de loción sólo para mí. Eso tiene un impacto. Yo me baño y trato de verme bien, incluso si el único otro adulto que veo en todo el día es Scott. (Él es el más importante de todos modos). El asunto es que ambos estamos todavía tratando de mostrar que nos importa impresionarnos. Puede que no sea lo más importante en el matrimonio, pero sentir un puntillo de atracción física es divertido e importante en el cortejo de toda una vida.

Sé juguetón

¿Alguna vez has oído la frase: "Las parejas que juegan juntas se quedan juntas"? De acuerdo con Howard Markman, un psicólogo que codirige el Centro para los Estudios de la Familia y el Matrimonio de la Universidad de Denver, eso es muy cierto. "Mientras más inviertas en diversión y en amistad y en estar ahí para tu pareja, más feliz será tu relación con el tiempo", dijo Markman en una entrevista con USA Today. "La correlación entre diversión y felicidad marital es alta y significativa."

Jugar juntos crea conexiones y fortalece la relación. Por ejemplo, el esposo que por años escondía objetos bajo las cobijas de la cama del lado de su esposa, y luego se reían de eso. Con un gesto tonto, él está comunicando que hacer que sonría es importante para él. En otro ejemplo, cuando Scott se quejó de la poca pasta que le ponía a su cepillo, la noche siguiente le puse tanta que se escurría hasta el lavabo. Él se rió y me regresó el favor la noche siguiente. Tan sólo hacíamos cosas tontas juntos, conectando mediante el juego.

Otra de las cosas que hacemos en nuestro matrimonio es pasarnos un folleto publicitario que nos dieron hace mucho en una cena. Tiene una foto del antiguo gobernador de Utah. No recuerdo cómo el objeto se volvió importante para nosotros, pero empezamos a esconderlo en las cosas del otro. Cuando uno de nosotros lo encuentra, rápidamente buscamos otro escondite. Pueden pasar meses, y de repente abrir una carpeta o un libro y sorprenderme al encontrar a "El gobernador", como lo hemos apodado. Me río y luego lo escondo en uno de los libros de Scott o en sus portafolios para que lo encuentre luego. Hoy la verdad es que no sé dónde está, pero sé que aparecerá de nuevo en algún lugar. (Luego de escribir esta sección, durante el proceso de edición, debo decir que lo encontré en un libro que comencé a leer el año pasado y que no había tocado en meses. Ahora está escondido en el portafolio de Scott.)

Incluso una cosquillita o palmadita puede dar un poco de juego a tu relación. Por ejemplo en el caso de Carol y Bob. Cuando le pregunté a Carol cómo se sentía amada, una de las cosas que mencionó fue que cuando pasa junto a Bob, él siempre le da una palmadita en la espalda. Le pregunté si le gustaba, y se rió y me dijo: "Sí, sé que es una palmadita amorosa." Aparentemente tiene que tener cuidado cuando están en lugares públicos y hay muchas espaldas por ahí. "¡Tengo que asegurarme de que tengo a la mujer adecuada!", se rió. Por otro lado, ella con frecuencia le hace cosquillas. Le pregunté a Bob si le gustaba. Me dijo: "¡No!", pero se echó a reír y la miró cuando lo dijo. Creo que si ella dejara de hacerlo, él lo extrañaría. La atención juguetona dice: "Me interesas tú."

Encuentra maneras de ser juguetón en tu matrimonio. Un conector poderoso y divertido es tener chistes personales o simplemente hacer que el otro sonría.

Sé atento

Ser atento con las necesidades del otro es una manera de crear conexiones afectivas. Si tu esposo está fuera sudando en el jardín, tal vez quiera un vaso de agua. Incluso, tal vez para él sea más importante recibir un vaso de agua de su esposa. Si tu esposa ha tenido un día largo de pie, tal vez quiera un masaje de pies. Y probablemente le gustaría mucho que se lo hiciera su esposo. Muchas veces en el día, si te das cuenta, puedes encontrar oportunidades de atender a tu pareja y mostrarle tu amor.

Cuando le pregunté a Scott cómo se sentía querido en nuestro matrimonio, me dijo lo importante que era para él sentir que yo era muy empática con sus necesidades. Me dijo: "A veces cuando llego a casa estoy muy cansado y totalmente rendido. Tú sólo dices: 'Sube y relájate'. Y sé que incluso puedes estar ofreciéndome eso cuando sé que tú también estás cansada y eso significa mucho en muchos niveles. Me dice que estás poniéndome atención y estás en sincronía con lo que estoy experimentando, y que te importa lo suficiente para ofrecer una solución que requiere un sacrificio."

Presta atención a cómo tu esposa se está sintiendo. Mi amiga Diana ha estado felizmente casada por 48 años y dice: "Incluso en la iglesia, cuando está el aire acondicionado y me da frío, se quita el saco y me lo pone en los hombros. Siempre está preocupado por mi comodidad y mi seguridad." Ella siente el amor de su marido a través de simples gestos de cortesía.

Estar consciente de las necesidades de tu pareja y hacer lo que puedas para darle comodidad es una manera simple de mostrar tu amor. Sé que en mi matrimonio me encanta ser la que le da un espacio de comodidad a mi esposo. Como Scott lo ha expresado en un número de ocasiones: "Tú eres mi refugio." Eso es lo que quiero ser para él.

Revivir el pasado

Parte de la labor de crear conexiones que funcionen es recordar los buenos tiempos que han pasado juntos. Las investigaciones matrimoniales muestran que recordar los buenos tiempos en tu matrimonio fortalece el vínculo. Por supuesto, el 94 por ciento del tiempo, cuando las parejas toman tiempo para recapitular con cariño sobre su historia juntos, tienen más posibilidad de tener un futuro feliz juntos.

La otra noche Scott y yo salimos a cenar y a recordar nuestros momentos más tontos y los más memorables. Nos acordamos del día que fuimos a la feria del estado y que Scott aceptó acompañarme en mi diversión favorita, el Zipper, que son pequeñas jaulas que hacen círculos completos mientras se mueven en un círculo exterior. Él detesta ese juego, pero quería hacerlo por mí. (Acordamos que tendría que quedar asentado en algún sitio que su teléfono, se cayó de su bolsillo cuando la jaula se puso boca abajo y pensó que lo había perdido para siempre. Entonces milagrosamente apareció flotando frente a su cara y lo agarró en el aire. Pero yo disiento.) Scott estaba tan mareado luego de bajar, que no pudo hablar por media hora. De todos modos hizo este sacrificio cariñoso. Este recuerdo nos hizo reír a los dos.

También hablamos de aquella noche a la hora de la cena, en que me di cuenta de que eran las 8:18, porque nuestro aniversario de boda es el 18 de agosto. No lo sabía, pero Scott recientemente me dijo que le gusta mucho eso de mí, porque muestra cuánto valoro esa fecha. Incluso nuestros hijos sonríen cuando digo: "¡Son las 8:18!" Seguimos disfrutando momentos de nuestra historia esa noche, conectando por medio de experiencias de nuestro pasado. Nadar un rato en el pasado nos ayuda a sentir los sentimientos amorosos que hemos disfrutado antes y nos permite darnos cuenta, en el momento presente, de la profundidad y la alegría de nuestras relaciones.

Incluso recordar los buenos momentos cuando estás atravesando una época difícil te ayuda, porque, afrontémoslo, todos los matrimonios pasan por problemas. Como lo dijo un marido: "Ver hacia atrás con gusto a los momentos felices me ayuda a recordar que no siempre fue tan difícil." Recordar tus momentos felices del pasado renueva los sentimientos amorosos en el presente y lleva esperanza para un futuro feliz.

Toma algunos momentos para recordar los tiempos favoritos que han pasado juntos. Vean juntos el álbum de la boda y recuerda cómo te sentiste ese día. Recuerda los días en que compraron su primera casa o cuando nació un hijo. Recuerda los momentos felices cuando salían juntos o cuando se fueron de vacaciones o cuando tuvieron una noche romántica. Recuerda las cosas tontas que hicieron por el otro. Revívelo. Recordarlo te regresa a ese momento, trayendo todos los sentimientos maravillosos que tenías entonces. Como dice Alan Jackson en una de mis canciones *country* favoritas: "Recuerda cuando el sonido de pequeños pies era la música que bailábamos una y otra vez. Traído por el amor, encontramos confianza. Prometimos que nunca nos rendiríamos. Recuérdalo."

El amor a través de la música

Tu pareja y tú deben tener una canción que sea su canción. En dos o tres minutos esa canción especial puede evocar recuerdos poderosos y sentimientos muy profundos. ¡Esto no es estratégico! No estás engañando a tu esposo para que desarrolle sentimientos amorosos por ti. Sólo estás haciendo lo que probablemente hiciste cuando apenas salían y se enamoraron. Recuerdas los sentimientos del enamoramiento y el papel que la música desempeñó en el cortejo. Escuchar esa canción especial para tu pareja es una manera de decirle: "Todavía pienso en ti". Sin duda, esa canción va a significar más ahora de lo que significó antes.

Yo tuve la oportunidad de experimentar esta poderosa fuerza para conectar recientemente en un viaje en coche con Scott y los niños. Scott estaba manejando y le dejaba a cada uno que pusiera su música favorita. Cuando fue el turno de Scott, no dijo nada mientras veía el repertorio. De repente, las palabras de nuestra canción "Everything I do" de Bryan Adams, salieron de las bocinas. Me senté a escuchar: "Mira mis ojos y verás lo que significas para mí. Busca en tu corazón, busca en tu alma. Y cuando me encuentres ahí, deja de buscar más. No me digas que no vale la pena. No me digas que no vale incluso morir por eso. Tú sabes que es cierto: todo lo que hago, lo hago por ti." Eso mueve muchas cosas. Ésta se volvió nuestra canción cuando apenas nos estábamos enamorando. La bailamos en nuestra boda. Y ahora estábamos ahí, sentados en el coche, con trece años de matrimonio y tres hijos pequeños. Estas palabras me llegan, cada vez más y son más poderosas que antes.

Mi suegro me expresó cuánto la música significa para él en su matrimonio. Él es músico y tiene un gran aprecio por la emoción que viene con la música. En el cumpleaños 50 de su mujer, se fueron a San Francisco a celebrar. Luego de cenar, bailaron en un restaurante llamado Top of the Mark, que tiene una vista maravillosa sobre la ciudad. Ahora, cuando escucha una de las canciones que bailaron esa noche, recuerda el tiempo feliz que pasaron juntos.

Cantar una canción a tu pareja es otra manera de conectar a través de la música. Mi amiga Diana me dijo que su esposo con frecuencia le canta algo cuando está en la ducha: "Oh, Diana, te amo…". Ella me dice: "Eso significa mucho para mí". Si tienes la voz o la inclinación de hacerlo, siéntete libre de cantar una canción de amor.

Otra opción es escribir la letra de una canción amorosa que les guste. Mi amiga Stacey tiene preferencia por los mensajes instantáneos con letras de canciones, cada vez que están lejos. Me dice: "Durante la temporada más cargada de trabajo, Jake y yo casi no nos vemos. Luego que pongo a los niños a dormir, trato de hacer algo de trabajo. Ha habido un par de veces cuando él está trabajando tarde en la oficina y yo estoy trabajando tarde en casa, que nos enviamos un texto. Ya sea él o yo estamos escuchando una canción y me envía la letra. Entonces los dos escuchamos la canción y nos mandamos las frases de ella. Puede sonar un poco cursi, pero en realidad es muy romántico."

Ya sea que estén tocando tu canción, o que esté recordando un momento romántico a través de la música, que estés cantando una canción de amor o mandarse mensajes de las letras, amar a tu pareja a través de la música es una manera simple y poderosa de conectar.

Pide una cita a tu pareja

Casi nada dice "te amo" como la oferta de pasar tiempo juntos. Al invitar a tu cónyuge a una cita, le estás diciendo "Me gusta la persona que eres, y quiero estar contigo."

El otro día estaba hablando con un buen amigo que ha tenido un camino con algo de baches en su matrimonio. Un martes por la mañana, su esposa le dijo que estaba pensando en ir a un paseo en bicicleta la mañana siguiente. Le preguntó: "¿Te gustaría ir conmigo?" Con esa pregunta simple, se sintió querido. "Realmente me gustó mucho que me lo preguntara", me dijo él.

Me encanta cuando Scott me pide que salgamos. Salir en una cita una noche a la semana es una rutina que tenemos. Es un momento que esperamos para poder estar solos, para hablar, jugar y conectar.

Usualmente asumimos que es algo que se da, y hablamos de lo que queremos hacer. Pero entonces, hay fines de semana que se vuelven ocupados y pueden pasar varias semanas sin que tengamos ese momento especial. Hace poco tuvimos un periodo así, y Scott vino y me dijo: "¿Te gustaría salir conmigo este fin de semana?" Sonreí. Sentí mucha emoción, como si fuéramos adolescentes. Incluso propuso varias ideas y llamó a una niñera. La cita, por supuesto, es una mayor oportunidad para conectar, pero sólo al hacer la oferta Scott hizo una conexión conmigo. En ese momento, nos sentimos más cerca de lo que estábamos.

Dejar que tu pareja sepa que quieres ese tiempo juntos es la clave. Scott me dijo recientemente qué tan importante es para él tomar ese tiempo prioritario. "Estás todo el tiempo manejando mil cosas", dijo. "Ese esfuerzo por poner una cita significa mucho. Los niños se duermen más tarde, y a veces la casa es un desastre cuando regresamos. Eso tiene un impacto. Pero lo haces porque es importante para ti. Muestra que nuestra relación no está en segundo lugar luego de los *hobbies* y las compras. Tú haces que nosotros seamos muy importantes." Es verdad. Ese tiempo juntos es importante para mí. El tiempo para relacionarnos y conectar que tenemos en la cita es realmente maravilloso. Pero simplemente al comunicar al otro que queremos una cita y que haremos que ésta sea realidad ya muestra el cariño mutuo.

Encuentra un momento para pedirle al otro una cita. Llámalo al trabajo o escríbele una nota. Pídele una cita a la hora de la cena. Deja que tu pareja sepa que nada te gustaría más que una noche juntos. Hagan un plan. A tu pareja le encantará saber que te importa que pasen un tiempo juntos.

Una caricia cariñosa

Los científicos saben desde hace mucho el impacto que tiene las muestras de afecto físico en bebés recién nacidos. Los seres humanos simplemente necesitan conectar físicamente con otros seres humanos para seguir adelante. Mostrar físicamente el afecto al otro es una manera importante de conectar, literalmente. Algo tan simple como una caricia prolongada incluso hace que se produzcan hormonas de relajación y curación. La psicóloga Sonja Lyubomirsky escribe que "una palmadita en la espalda, un apretón en la mano, un abrazo, un brazo sobre los hombros –la ciencia del contacto sugiere que eso puede salvar un matrimonio regular. Al ofrecer más contacto (no sexual) y afecto de manera regular puede tener muchas consecuencias al avivar el cariño y la ternura."

Mi madre es una enfermera para partos que tiene muchos turnos en el hospital. Muchas veces viene a casa con dolores por todo el cuerpo. Cuando le pregunté cómo se siente amada por su marido, lo primero en lo que pensó es que lo sabe porque Bob se ocupa de ella físicamente al darle un masaje de espalda y de pies. Incluso cuando estaba estudiando para un examen difícil, él se ocupaba de ella. "Cada vez que él venía a la habitación donde estaba estudiando", me dijo, "se paraba un momento para darme un masaje en el cuello y en los hombros por un par de minutos. Esto era muy dulce."

Los abrazos pueden ser un conector atento y poderoso también. Los investigadores de la Universidad de Penn State han encontrado que los estudiantes a los que les pedía que dieran o recibieran por lo menos cinco abrazos al día al final del mes se sentían mucho más felices que los estudiantes que no lo habían hecho. Así que, ¡a dar abrazos! Te vas a sentir más conectado con tu pareja, y más feliz también.

Hay tantas formas de mostrar amor por medio del afecto físico. Cuando le pregunté a un esposo cómo se sentía amado por su esposa, la primera cosa que me dijo fue: "El otro día mi esposa vino hacia mí y sin decir más, me dio un beso. No era un saludo ni nada que fuera parte de la rutina, ella sabía que yo lo apreciaría. Eso realmente me dejaba saber que estaba pensando en mí." Mi vecina Carol, al hablar de su esposo, dijo: "Me encanta cuando viene por detrás de mí y me besa en el cuello." Uno de mis buenos amigos me dijo lo mucho que le gusta cuando su esposa juega con su pelo. Otra amiga me contó cuánto le agrada cuando su marido le rasca la espalda o el brazo cuando van a dormir. Ella sabe que en esos momentos él quiere que ella se sienta confortable.

Me sorprende darme cuenta de lo mucho que significa para mí cuando Scott pasa junto a mí en la casa y se para un momento para poner la mano sobre mi espalda o mi hombro. Incluso mientras estaba escribiendo este capítulo, Scott bajó las escaleras, se inclinó y me besó en la cabeza mientras iba hacia la cocina. Eso me hizo sonreír. Ya sea un abrazo, un beso, un masaje de pies, jugar con el pelo del otro o tomarse de la mano mientras bajas la calle, hacer un esfuerzo para conectar físicamente es una manera simple de decir a tu pareja: "Te quiero."

Conectar espiritualmente

Cuando Scott y yo tenemos la oportunidad de discutir algunas de las cosas significativas de la vida –como por qué estamos aquí, aquellos por lo que estamos agradecidos, las cosas que estamos aprendiendo y las áreas en las que estamos luchando– siempre me sorprendo sobre lo conectada que me siento con él. Y aunque hay muchas maneras de tener estos momentos de conexión, uno de nuestros favoritos es hacer una plegaria, una de las cosas que tres cuartas partes de los estadounidenses dicen hacer regularmente. Disfrutamos de esta oportunidad para abrirnos a un poder superior, para expresar nuestra gratitud y pedir ayuda por nuestras preocupaciones. Nos permite estar más cercanos uno del otro. Como dice Scott: "Me gusta oírte rezar. Es una manera de recordar lo que está en tu mente y una oportunidad para recordar nuestros objetivos y nuestras bendiciones. También hay algo poderoso en hincarse, tomarse de las manos y sentirse unidos en nuestra vida juntos."

Las investigaciones muestran los beneficios de rezar en pareja (lo que se aplica también a la meditación en pareja o la reflexión profunda). Las parejas que rezan juntas se sienten mejor al darle prioridad a su relación sobre las necesidades individuales, tienen más claridad sobre sus preocupaciones sobre la relación, sus sentimientos de enojo se mitigan, tienen mayor voluntad de perdonar y su salud mejora a través de la relajación y mejor actividad cerebral. No tienes que ser religioso para tener los beneficios que vienen de ese tipo de reflexión unificada. El punto es, las parejas van a encontrar el poder en la oportunidad de abrirse al otro de manera regular para manifestar sus pensamientos, sentimientos, bendiciones, luchas y preocupaciones.

Toma tiempo para ir más profundamente en su relación y sentir los beneficios. Recen juntos si eso funciona para ustedes, o encuentren la manera de reflexionar sobre su vida juntos. Siente la humildad que viene de estar de rodillas, buscando respuestas fuera de ustedes mismos. Habla sobre las cosas sobre las que se sienten agradecidos en su vida juntos. Sé abierto sobre tus preocupaciones. Comparte tus percepciones sobre lo que has ganado de tus experiencias diarias. O simplemente salgan juntos y disfruten la belleza de la naturaleza. Como dijo el padre de Scott: "Sólo saliendo juntos y compartiendo una noche estrellada, mirando las maravillas de la naturaleza, me permite sentirme conectado con mi esposa." Encuentra maneras para conectar espiritualmente con tu esposa o esposo, y siente la fuerza unificadora que esos momentos pueden darte.

Cada día puede traer oportunidades de amar a tu pareja de muchas maneras diferentes. No tiene que ser un soneto de amor recitado bajo el balcón, aunque si te gusta, ¡hazlo! Formúlate la pregunta de una de mis canciones favoritas de la película *Enchanted*: "¿Cómo sabe ella que la amas?" ¿Cómo sabe él que lo amas? ¡Tenemos que hacer algo! ¿Qué has hecho recientemente para mostrar tu amor? Tráele una sorpresa, llama para decirle que estás pensando en él o en ella, envíale un mensaje de texto, bolea sus zapatos, deja una nota amorosa en su bolsa, recuerden sus tiempos favoritos, dale un masaje de pies, llévale un poco de jugo de naranja, pongan esa canción que tanto significa para ambos o digan una plegaria juntos. Hazlo sin esperar nada a cambio. No toma mucho mostrar que te importa. No son éstas sólo las acciones de las parejas que se están enamorando. Éstas son las acciones de las parejas que quieren permanecer enamoradas durante mucho tiempo.

Acciones a realizar en dos minutos

(para completar una vez y repetir muchas veces)

- Piensa en los rituales que tienen como pareja. Si no se te ocurre ninguno, crea uno. Encuentra algo que sea significativo sólo para los dos, puede ser serio o tonto. Practíquenlo regularmente para conectar.

- Encuentra una manera de servir a tu pareja sin que te lo pida, simplemente porque quieres comunicarle tu amor.

- Invita a tu cónyuge a que tome un poco de tiempo personal para que haga lo que él o ella quiere.

- Deja una nota amorosa en algún lugar que pueda sorprender a tu pareja, como en el volante, en el espejo o en el refrigerador.

- Llama o envíale un mensaje de texto a tu pareja para compartir tu amor o tu gratitud.

- La próxima vez que estén juntos luego de haber estado separados, dale a tu cónyuge una calurosa bienvenida.

- Piensa en las cosas que son importantes en su vida. Pregúntate: "¿Está mi pareja en lo primero de la lista?" La próxima vez que tengas que elegir entre darle tu atención a tu pareja y hacer otra cosa (como estar con los niños, los vecinos, en una red social o en un partido de futbol) deja saber a tu pareja que es el número uno.

- La próxima vez que tu pareja te diga algo, muéstrale que estás escuchándolo a través del lenguaje corporal y de tu atención. Déjale saber que te importa lo que él o ella tenga que decir.

- La próxima vez que tu pareja pida tu atención, sé receptivo. Hazte disponible y dale tu apoyo con tus gestos, tus preguntas y tus aportaciones.
- La próxima vez que tu cónyuge te pida algo, si puedes, dile que sí.
- Considera cómo te preparabas para una cita con él o con ella antes de que se casaran. En tu próxima cita, vístete para impresionar.
- Haz algo que lo haga sonreír.
- Busca oportunidades para hacer algo que necesite, como llevarle un vaso de agua en un día caluroso o llevarle un suéter si hace frío.
- Recuerda con tu pareja un momento que sea especialmente memorable de su historia.
- Pongan su canción favorita, o cántenla, en casa o en el coche.
- Pídele una cita y haz algunas sugerencias creativas de lo que pueden hacer juntos.
- Sorprende a tu pareja con un beso o con un abrazo cuando no lo esté esperando.
- Encuentra una manera de conectar espiritualmente con tu esposa o esposo, ya sea en la plegaria, en meditación de pareja, mediante la reflexión conjunta o tomando un tiempo tranquilo en la naturaleza. Siente la fuerza de conexión que esos momentos pueden darte.

Capítulo 6

Acércate un poco más: pequeños pasos para tener una gran intimidad

"El amor es la mayor pasión, ya que ataca simultáneamente la cabeza, el corazón y los sentidos."

Lao Tsé, líder espiritual chino

Tal vez sea riesgoso tener un capítulo sobre la intimidad física en un libro sobre consejos matrimoniales de dos minutos. La mera yuxtaposición de estos temas me hace pensar en una parodia musical de YouTube por los Flight of the Conchords. En esta canción sobre "Tiempo de trabajo" en el matrimonio, el cantante sugiere que su esposa no debe sentirse decepcionada porque "dos minutos celestiales son mejores que un minuto en el cielo." Scott y yo nos reímos cada vez que mencionamos esta frase. Es ridículo y además triste que haya algo de verdad en este detalle: a veces los hombres y las mujeres no se acercan lo suficiente para tener verdadera intimidad. Sin embargo, existen algunos elementos clave que pueden hacer una diferencia, incluso en áreas tan importantes y poderosas como es la vida amorosa de la pareja.

Primer elemento clave: intimidad emocional

La primera cosa y la más importante que cada pareja debe entender es que la intimidad emocional abre el camino para una intimidad física muy placentera. La intimidad emocional es la atmósfera en el matrimonio, mientras que la intimidad física es un acontecimiento. Esto no es para trivializar el acontecimiento, que tiene el potencial para traer gran pasión, disfrute y cercanía para las dos partes. Sin embargo, el momento puede ser maravilloso si el ambiente emocional es maravilloso.

Las investigaciones matrimoniales afirman que "el factor determinante para que las parejas se sientan satisfechas con el sexo, el romance y la pasión en sus matrimonios depende, en el 70 por ciento de los casos, de la calidad de la amistad de la pareja." En otras palabras, el sentimiento de amistad y de vinculación afectiva son muy importantes. Es el tipo de relación que se da cuando dos personas comparten sus esperanzas, sus sueños, sus miedos y su tiempo. Involucra el hablar juntos, trabajar juntos, jugar juntos y construir una vida juntos. Es lo que pasa cuando cada persona se siente escuchada, querida, respetada, entendida y amada.

Así que pregúntate a ti mismo, ¿cómo está su amistad? Hasta ahora, todo en este libro ha tenido que ver con las cosas pequeñas y simples que pueden hacer una gran diferencia para los sentimientos de la conexión íntima en el matrimonio. Esas cosas, muy gratificantes en sí mismas, crean un vínculo emocional que puede marcar la pauta para una vida amorosa satisfactoria. Las palabras y los detalles amorosos, haciéndose de manera consistente, crean un ambiente emocional saludable que es crítico en el matrimonio.

Una amistad fuerte puede hacer que cada persona se dé totalmente a sí misma. Como dice el consejero G. Hugh Allred: "Ambos [esposos] deben trabajar para ser respetuosos, corteses, cariñosos con el otro en todas las áreas de su interacción para que puedan dar libremente y sin miedo de ser heridos en este tipo de relación tan íntima." Cuando una persona se siente respetada, admirada, necesitada, segura, amada y cuando se confía en ella en todas las áreas del matrimonio, tener intimidad física puede ser lo que se supone que debe ser: un momento poderoso para que dos personas conecten en una manera que no lo han hecho con otra persona.

Segundo elemento clave: aceptar la importancia

Una parte importante y saludable del matrimonio es tener una relación física íntima con el otro. Es una manera como una pareja comparte el afecto, la ternura y la pasión, en una conexión que no es como ninguna otra. No sólo hacer el amor es una experiencia de vinculación poderosa, sino que además es bueno para tu salud. De acuerdo con un reporte en *Woman's Health Magazine*, la gente que hace el amor regularmente se relaja mejor y maneja mejor el estrés. La Dra. Laura Berman, profesora asistente de clínica obstétrica y ginecológica y psiquiatría en la Escuela Feinberg de Medicina de la Universidad Northwestern, dice que la experiencia es tan fuerte porque las endorfinas y la oxitocina se liberan durante el acto amoroso, y estas hormonas para sentirse bien activan los centros de placer en el cerebro que refuerzan la intimidad y la relajación. La ciencia nos muestra que los efectos tienen mayor duración que el simple momento en que sucede.

La intimidad física es suficientemente importante para estar en tu agenda matrimonial. Si la vida se vuelve ocupada y ustedes se dan cuenta de que no tienen energía ni tiempo al final del día, consideren incluir una noche íntima en su agenda semanal. Tan poco romántico como esto pueda sonar, si la pareja espera hasta sentirse totalmente seducido, puede esperar por meses. La intimidad física es tan vital al romance y la relación matrimonial que la mayor parte de los expertos están de acuerdo en que es mejor hacerlo por lo menos una vez a la semana. Considera hacer tu calendario.

Aquí hay una pareja que lo hace. En el libro *Crear un matrimonio íntimo* (*Creating an Intimate Marriage*), el Dr. Jim Burns comparte el secreto pícaro de sus amigos. Cada noche del miércoles se volvió su noche romántica. Marido y mujer la esperan con ansia. En la mañana, se ven uno al otro y se dicen: "¡Es miércoles!" La esposa a veces le manda correos electrónicos durante el día para decir "¡Es miércoles!" ¿Es esta una rutina aburrida? ¿Monótono y poco romántica? Para esta pareja, tener un acontecimiento planeado es divertido y excitante. A veces es sólo hacer el esfuerzo para entrar en el ambiente. Piensa en el día de tu boda. ¿La expectativa de tu noche de bodas fue aburrida y poco espontánea? ¿O estabas lleno de excitante anticipación al esperar una noche de intimidad?

Como sea que elijas que esto suceda, encuentra una manera de hacer que tu vida amorosa sea una parte regular de tu relación matrimonial. Hazlo por tu conexión de pareja, por la diversión y por la salud.

Tercer elemento clave: comprender las diferencias

Para tener una vida sexual saludable, tanto el marido como la esposa deben apreciar la importancia de esta experiencia de vinculación, entendiendo también que cada uno tiene necesidades únicas. Las investigaciones indican que el impulso sexual se manifiesta más fácilmente en los hombres, mientras que las mujeres son naturalmente más afectuosas. Una vez escuché que lo ponían de esta manera: los hombres son como el microondas, mientras que las mujeres son como una olla de cocimiento lento. Los hombres se calientan y se enfrían rápido (de ahí el chiste de los dos minutos). Las mujeres necesitan más tiempo. Tenemos dos sistemas de conexión diferentes. Aceptar y entender esas diferencias puede llevar a una vida maravillosa por parte de ambos miembros de la pareja. En su libro *Las necesidades de él, las necesidades de ella* (*His Needs, Her Needs*), el Dr. Willard Harley explica por qué:

Aunque probablemente estén más cerca de su propia sexualidad porque es un impulso masculino básico, a muchos hombres les falta habilidad haciendo el amor porque no entienden la necesidad de las mujeres de afecto como parte del proceso sexual. Cuando un hombre aprende a ser afectuoso, su manera de hacer el amor será muy diferente... De manera inversa, muchas mujeres no entienden su propia sexualidad lo suficiente para saber cómo disfrutar la fuerte necesidad sexual de su esposo. Para satisfacer sexualmente a su marido, una mujer también debe estar satisfecha. Yo trato de alentar a las esposas... a que aprendan a disfrutar la relación sexual tanto como lo hace su marido.

Algunas parejas tienen menos experiencias que otras cuando se casan. Unas no tienen ninguna experiencia sexual e incluso sienten que hablar de ello es un tabú. Claro está, siempre se puede aprender por ensayo y error y con base en mucha comunicación. De manera alternativa, considera elegir un libro sugerente que discuta las diferencias entre la química y la anatomía masculina y femenina. Probablemente un buen bibliotecario o un vendedor en la librería pueda darte algunas buenas opciones. ¡No seas tímido! Recuerda, ésta es una experiencia que puedes disfrutar de manera regular en tu matrimonio: asegúrate de entender cómo hacer que sea maravilloso para ambos.

Cuarto elemento clave: crear el ambiente

Crear una atmósfera romántica puede ayudar una persona a relajarse y a abrirse a una experiencia íntima. Velas, lencería, música, un baño de espuma y aceite de masaje son cosas divertidas y simples que pueden tener un impacto poderoso en el ambiente. Además, no subestimes el poder del lenguaje para crear el ambiente. Todos queremos saber que nuestra pareja nos encuentra atractivos. Comparte con el otro lo que te parece atractivo, hermoso o sexy. Haz lo que te funcione a ti y crea tu oasis romántico, un refugio contra las tormentas del mundo exterior que te permita diluirte en el momento.

Tu oasis no tiene que ser una experiencia repetitiva de siempre en el mismo lugar y a la misma hora. Leí recientemente un libro con un concepto intrigante llamado *sacanagem*, que es un término en portugués que quiere decir básicamente "experimentemos". Aparentemente, los estadounidenses suelen ser muy buenos en esto porque son muy pragmáticos y orientados hacia llegar a los objetivos. La idea de *sacanagem* es divertirse y tratar de hacer cosas nuevas en la cama (y también fuera de ella). Conviértete en un aventurero. Piensa en cómo puedes mezclar un poco las cosas en tu relación, y poner algo de variedad en tu rutina. La profesora en psicología Sonja Lyubomirsky dice que mezclar un poco las cosas es importante porque, como seres humanos, nos habituamos a hacer lo mismo una y otra vez, y luego dejamos de disfrutarlas tanto. Parte de mantener vivo el amor estriba en explorar nuevas maneras de experimentarlo.

Algo esencial al enfrentar cualquier experiencia es un poco de calentamiento. Un abrazo amoroso y un beso apasionado puede ser tan íntimo como cualquier otra cosa que elijas para mantener el fuego romántico. De acuerdo con el terapeuta matrimonial, el Dr. Jim Burns: "Las parejas que no se besan apasionadamente se sienten con frecuencia abandonadas sexual y emocionalmente. Besar es algo personal, y es con frecuencia un buen indicador de la calidad de tu relación matrimonial." Las investigaciones también muestran que las parejas que toman tiempo para abrazarse y estar uno junto al otro, y que simplemente se tocan, tienen una experiencia de vinculación emocional poderosa.

No se requiere mucho tiempo: enciende una vela, prepara un baño de tina, pon una canción, toca a tu pareja cariñosamente. Hay muchas maneras fáciles de crear un buen ambiente para la experiencia romántica.

Quinto elemento clave: comunicar

¿Cuál es la manera favorita de tu pareja para entrar en calor? ¿Su lugar favorito para ser tocado? ¿Su lugar favorito para ser besado? Si no lo sabes, averígualo. No asumas que el otro ya sabe (o debería saberlo) todo sobre ti. Ciertamente tampoco asumas que a tu pareja le gusta todo lo que haces. Comunicarse abiertamente es un paso importante para que ambos tengan una experiencia gratificante. No dudes en compartir tus pensamientos. Incluso si lo que quieres parece tonto, comparte tus ideas. Puede que te sorprendas sobre lo dispuesta que está tu pareja.

En el libro *Haz más fácil tu matrimonio* (*Making marriage simple*), se encuentra una historia de una pareja que estaba en terapia que debían decir algo que les gustaría que hiciera su pareja. La esposa, algo nerviosa al principio y con dudas de compartir lo que sentía, finalmente lo dijo: "Siempre he querido que me chupes el dedo gordo del pie." Su marido sonrió y aceptó con gusto.

Expresar también lo que nos disgusta es una manera importante de que ambas partes de la pareja se sientan a salvo en la experiencia más íntima y la más vulnerable. Pero debes expresar tus deseos tan frecuentemente como sea posible, poniendo un énfasis en lo que sí disfrutas, más que en lo que no. Al expresar tus deseos le das a tu pareja claridad y confianza para llenar tus necesidades.

Sexto elemento clave: generosidad

La generosidad que estriba en poder actuar desinteresadamente es probablemente una de las cosas más importantes que una persona puede hacer por su pareja en cualquier área del matrimonio, incluyendo la intimidad física. Mientras más busques la felicidad del otro, más alegría y satisfacción encontrarán ambos. Pregúntate: "¿Qué puedo hacer por mi pareja?" Antes que: "¿Qué es lo que mi pareja debe hacer por mí?" La respuesta te ayudará a tener una experiencia positiva para ambos. Y aunque el objeto aquí no es lograr que tu pareja esté más dispuesto a dar, la generosidad es algo contagioso. Mientras más elige cada uno en concentrarse en el otro, la pareja se sentirá más amada e interesada en responder. Dicho simplemente, la generosidad motiva más generosidad. Haz lo que puedas para llenar las necesidades y los deseos de tu cónyuge y verás qué te corresponderá.

Si ambos trabajan para crear un vínculo emocional fuerte, aprecian la importancia de una vida amorosa saludable, tratan de comprender las diferencias y recuerdan que unos preliminares lentos y cariñosos (además de comunicar sus necesidades y ser generosos), entonces lograrán que la relación física sea lo que debe ser: una experiencia satisfactoria y poderosa.

Acciones a realizar en dos minutos

(para completar una vez y repetir muchas veces)

- Considera la cualidad de tu amistad con tu pareja. Recuerda que para tener una buena intimidad física, se necesita tener intimidad emocional. Sigue las acciones del capítulo anterior para fortalecer su vínculo emocional.
- Considera cómo ves la importancia de la relación íntima en el matrimonio. ¿Es una prioridad para ti? Decide tomar una actitud de aprecio por esta experiencia única y poderosa.
- Habla con tu esposo o esposa sobre las típicas diferencias entre hombres y mujeres en lo que se refiere a hacer el amor. Considera ver juntos algunos libros para aprender más. Recuerda que entender claramente las diferencias puede ayudar a la pareja a llenar sus necesidades.
- La próxima vez que inicies una noche romántica con tu pareja, crea un ambiente favorable prendiendo una vela, poniendo música suave y brindando mucho afecto.
- Considera algunas de las cosas que te gustaría experimentar con el otro en tu vida amorosa, y comunícaselo.
- La próxima vez que tengas una noche romántica (puede ser una mañana u otro momento), concéntrate primeramente en lo que puedes hacer por tu pareja.

Capítulo 7

Pelea la batalla que vale la pena: herramientas simples para manejar el conflicto

"El ojo por ojo tan sólo hará
que el mundo entero quede ciego."

Mahatma Gandhi, líder hindú de derechos humanos

En el matrimonio está garantizado que los conflictos puedan aparecer de vez en cuando. Considera cuántas oportunidades tenemos para no estar de acuerdo: cómo aplastar la pasta de dientes, cómo doblar el papel de baño, cómo decorar la casa, cómo gastar dinero, cómo educar a los niños, cómo pasar las noches, cuándo ir a ver a los suegros, cuándo salir con los amigos y qué tan frecuentemente, cómo pasar los días de fiesta, a dónde ir de vacaciones, qué hacer para divertirse, qué programa de tele ver, quién tiene el control de la tele, quién va al súper, quién paga las facturas, dónde ir a la iglesia, quién limpia los baños, etcétera.

No sólo tenemos diferentes opiniones de cómo vivir la vida, sino que también tenemos diferentes intereses y personalidades (porque somos, y seremos siempre, gente diferente). Considera algunas de las dicotomías de personalidad que pueden hacer difícil el contacto: aventurero o casero, hablador o callado, frívolo o ahorrador, liberal o conservador, pájaro madrugador o lechuza nocturna, extrovertido o introvertido, religioso o no religioso y diferentes niveles de independencia.

Muchas de estas diferencias fueron, de hecho, la causa de que marido y mujer se enamoraran en primer lugar. A él le encanta que ella tenga tanto que compartir y a ella le encanta que él escuche tan bien.

A ella le encanta lo aventurero que es, y a él cómo ella tiene los pies en la tierra. A él le encanta su energía, y a ella su tranquilidad. Nuestras diferencias hacen que las cosas sean interesantes. De acuerdo, antes o después, estas diferencias van a crear conflictos. Antes del matrimonio, por lo menos en el caso de Scott y yo, nuestras diferencias no nos afectaban mucho porque vivíamos en lugares separados. Después de casados, empezamos a depender del otro para hacer que la vida funcionara. Ahora todo lo que hacemos nos afecta uno al otro y, aceptémoslo, hay cosas en las que no vamos a estar de acuerdo.

Los desacuerdos son naturales. Muchos conflictos son aquellos que no pueden resolverse porque tienen que ver con diferencias de personalidad demasiado profundas. De hecho, los investigadores matrimoniales han encontrado que 69 por ciento de los conflictos en el matrimonio no se pueden resolver. Son conflictos del tipo aprendamos-a-no-estar-de-acuerdo-y-encontremos-la-manera-de-vivir-con-ello. El truco está en que la pareja necesita las herramientas para manejar sus diferencias de manera que puedan entenderse uno al otro y respetuosamente encontrar soluciones. Sin esas herramientas, los esposos tienen el riesgo de crear negatividad en el espacio entre ellos y truncar las conexiones importantes que los hacen mantenerse unidos. Este capítulo va a explorar algunas de las herramientas que pueden permitir a los esposos navegar las aguas de conflicto en el matrimonio, mientras mantienen fuerte su vínculo amoroso.

Comienza suavemente

Los investigadores matrimoniales han encontrado que el 98 por ciento del tiempo el resultado de un conflicto puede ser determinado por cómo comienzan los primeros tres minutos. Si una pareja comienza una discusión sobre un problema o conflicto de la manera correcta, hay una gran posibilidad de quedarse en el respeto del otro y resolver los problemas creativamente. Como dicen los expertos en comportamiento organizacional Kerry Patterson, Joseph Grenny, Ron McMillan y Al Switzler en su libro *Conversaciones cruciales* (*Crucial Conversations*), lo que es esencial para manejar el conflicto es que la gente se sienta en un ambiente seguro. "Si no temes que puedas ser atacado o humillado", escriben los autores, "tú puedes escuchar casi todo y no estar a la defensiva. Sin embargo, si alguien comienza una conversación con crítica o ataque, la otra persona va a sentir con toda probabilidad la necesidad de protegerse y defenderse, lo que lleva a la pareja por una espiral descendente."

Una buena parte de comenzar suavemente tiene que ver con el tono de voz que usamos, que puede comunicar culpa y enojo o buena disposición a explorar el problema. Mi vecino el Dr. Kent Griffiths ha aconsejado a muchas parejas por más de 40 años. Como él lo explica: "El tono de voz que usamos es tan importante. La conclusión es poder crear seguridad emocional. Si alguien tiene necesidad de confrontar a su pareja, sólo necesita hacerlo en una manera respetuosa."

Por ejemplo, considera que el marido viene a cenar a casa media hora más tarde para la cena. Su mujer lo recibe diciendo: "¡No puedo creer lo tarde que has llegado a cenar! ¡Eso es una grosería de tu parte!" De acuerdo, ella puede sentirse justificada en su frustración. Pero hay grandes probabilidades que al comenzar la discusión la reacción se le regrese con una actitud defensiva de su esposo, que podría fácilmente responder con algo como: "Hey, para ahí. ¡No te me vengas encima así! No es mi culpa que haya llegado tan tarde. Mi jefe me entretuvo para que pudiéramos llegar a un plazo que no había considerado. ¡Si hubieras esperado dos minutos para que pudiera explicártelo, entonces ya lo sabrías!" Entonces ella se sentiría atacada y todavía más frustrada con su falta de validación.

Ahora, si regresamos al momento en que el marido llega a la puerta, imagina que la mujer hubiera dicho: "¡Hola, cariño! Qué bueno que ya estás en casa. ¿Sabes?, esperaba que llegaras un poco antes. Estoy un poco frustrada porque hayas llegado tan tarde. ¿Pasó algo?" De esa manera, ella también expresa que está frustrada, pero no lo está atacando ni criticando, con lo cual él no siente que tiene que reaccionar rápido en su propia defensa. En este caso, es más probable que escuche que él la hirió y que responsa con comprensión, tal vez con algo más: "Lamento estar tan tarde. Tuvimos un plazo de entrega que no habíamos previsto y la verdad es que debí haber llamado."

Cuando tenemos un problema que discutir en el matrimonio, lo mejor es quedarse tranquilo para poderlo solucionar creativamente, y comenzar la discusión con respeto, sin culpa ni ataque. Si podemos hacer eso, estamos en el camino de poder manejar nuestros conflictos con comprensión y amor.

Primero busca la comprensión

Una de las herramientas más importantes en el matrimonio es centrarse simplemente en entender el punto de vista del otro. Me encanta cómo Steven Covey explica este concepto en el libro *Los siete hábitos de la gente altamente efectiva* (*The 7 Habits of Highly Efective People*) con la historia de un examen de vista. Como él dice, imagina que estás en la oficina de un optometrista. Después de que te escucha quejarte por un rato, el optometrista se quita los lentes y te los da. La conversación se torna de esta manera:

"Póngase estos lentes", dice. "Yo los he usado por diez años, y realmente me han ayudado. Tengo un par extra en casa y usted se puede quedar con estos."

Así que te los pones, pero de te das cuenta de que el problema ahora es mayor.

"¡Esto es terrible!", exclamas. "¡No puedo ver nada!"

"¿Pero cuál es el problema?", te pregunta. "Esto me funciona a mí genial. Inténtelo de nuevo."

"Sí lo intento", insistes tú. "Pero todo se ve borroso."

"¿Pero qué es lo que le pasa a usted? Piense positivamente."

"De acuerdo, pero positivamente no veo nada."

"¡Pero qué ingrato es usted!", te amonesta. "Después de todo lo que he hecho por ayudarlo."

¿No es ridículo? Pues aunque no sea obvio, eso es lo que pasa en el matrimonio. Estamos tan centrados en que el otro vea las cosas desde nuestro punto de vista que olvidamos que ellos tienen sus propios lentes. Buscar la comprensión es la clave para trabajar en nuestros desacuerdos, especialmente en el matrimonio cuando somos tan interdependientes y nuestros sentimientos van tan profundo. No podemos ser verdaderamente felices en nuestra relación si sentimos que nuestra pareja no entiende nuestras necesidades. Cuando tomamos el tiempo y el esfuerzo para escuchar y aprender lo que es tan importante para nuestra pareja, podemos avanzar en resolver los problemas de manera productiva y creativa.

El otro día el marido de mi madre, Bob, me contó de una situación en la que el tratar de entender a su esposa Susie fue la clave para encontrar una solución a su problema. Bob pensaba que la factura de la televisión por cable era demasiado alta, así que quería quitar algunos canales. Su primer acercamiento a Susie no funcionó bien porque no escuchó primero las necesidades de ella. Él simplemente expresó su deseo de bajar la factura. Después Bob pensó: "Tiene que haber otra manera de hacer esto. Estoy encontrando resistencia, pero no es porque Susie sea una persona terca. Algo que ella considera importante está en juego."

Así que Bob trató una vez más, intentando entender primero las necesidades de ella. En su siguiente acercamiento, le preguntó por sus necesidades, qué era lo que a ella le gustaba ver y qué canal era importante para ella para que se quedara contratado. Esto parece muy simple, ¿no? Pero esta herramienta de buscar el entendimiento puede ser la diferencia entre hacer o deshacer la sesión para resolver el problema. Cuando ella se sintió que estaba en un lugar seguro y él dispuesto a comprender sus necesidades, ella pudo explicarle qué programas le ayudaban a relajarse o la hacían reír, las cosas que ella buscaba luego de un largo día. Una vez que Bob entendió esto y que Susie se sintió comprendida, él tuvo más posibilidades de explorar las opciones. Ella ya no se sentía amenazada y estaba abierta también para resolver el problema.

Y sucedió que pudieron llamar a la compañía de cable y reducir su factura quedándose con todos los canales que querían. ¡Fue una situación de ganar-ganar! Como explicó Bob: "Ambos tuvimos lo que deseábamos. Yo pude ahorrar dinero y ella se quedó con los canales que quería. Yo hubiera quitado todas las cadenas equivocadas." Qué hombre tan sabio. Sabe que entender las necesidades de su mujer es el primer paso para poder resolver creativamente el problema. (Los dos se rieron cuando me contaron que su otro secreto es "esposa feliz, vida feliz".) Y así es para cualquier matrimonio: sólo podemos encontrar soluciones creativas cuando buscamos la comprensión y nos sentimos comprendidos.

Haz preguntas para tener más claridad

Una acción importante que nos ayuda a ganar comprensión es hacer preguntas. En el ejemplo de arriba, Bob sólo descubrió las necesidades de su mujer al hacer preguntas importantes como: "¿Por qué esto es importante para ti?" o "¿Cómo piensas que podemos hacer esto?" Estas preguntas, aunque parecen simples, son increíblemente poderosas. Al preguntar, le decimos a nuestro cónyuge: "Me importas tú y tus necesidades y opiniones." No sólo las preguntas ayudan a la otra persona para que sepa que nos importa, pero las respuestas a las preguntas dan información importante que lleva al entendimiento.

Considera el caso de la esposa que le dice a su marido: "Me gustaría tener un perro." El primer pensamiento del marido es: "Ni hablar. No me gustan las mascotas. Pelos y excrementos por todos lados, más gastos, ladridos cada vez que llego a casa. De ninguna manera." Si él le dice eso inmediatamente, ¿ella va a sentir que a él le importan sus necesidades y deseos? Probablemente no. Así que tienen un problema: ella quiere un perro y él no. El que ese problema se vuelva una solución creativa o una batalla frustrante depende de que él pueda explorar las necesidades de ella con preguntas. Si él responde sin explorar antes, ella muy probablemente va a frustrarse, sintiendo que a él no le importa lo suficiente para buscar un entendimiento, y su diálogo no va a ser productivo. Ella va a repetir por qué quiere un perro y él por qué no lo quiere. Si, por otro lado, él usa las preguntas para tener claridad, va a resolver el problema de manera creativa y respetuosa.

Él podría escoger responderle con "Quieres un perro, ¿no? ¿De verdad? ¿Qué es lo que más te llama la atención de tener un perro?" Ya que él ha preguntado, ella tiene más oportunidad de explicarle sus sentimientos: "He estado pensándolo por mucho tiempo y tan sólo me gustaría sentirme más segura en casa cuando tú viajas por trabajo." Él no había pensado en eso. Este comienzo respetuoso los ayudó a ponerse en un modo de resolver-problemas. Él ahora puede validar sus preocupaciones y buscar soluciones con ella. Ya sea que decidan tener un perro o no, se habrán dado la oportunidad de explorar la necesidad del otro y encontrar juntos una respuesta, en lugar de sentirse frustrados y atrincherarse para luchar cada uno por su postura. Las preguntas son una herramienta importante a la hora de crear un ambiente propicio para el diálogo respetuoso cuando surgen esas inevitables diferencias.

Cuando tengas dudas, primero verifica

Las investigaciones matrimoniales muestran que los matrimonios mal avenidos tienen una tendencia a interpretar los mensajes del otro de maneras distorsionadas, muchas veces escuchando algo que no estaba ahí. ¿Alguna vez lo has vivido? Por ejemplo, digamos que llegaste a casa y te pusiste a sacar la ropa del cesto que no habías podido sacar antes, cuando tus hijos bajan gritando las escaleras, en una batalla tal que necesita tu atención. Luego la alarma de incendios se acciona al empezar a quemarse el arroz en la estufa. Apagas la estufa y vas a abrir la ventana para que salga el humo, mientras que tu hija de tres años encuentra un plumón y comienza a pintar en la pared. (Sí, yo he estado ahí.) Tomas los plumones, junto con un trapo para limpiar y tratas de quedarte lo más tranquila posible mientras le enseñas un mejor lugar para pintar. De repente, se abre la puerta del garaje y tu esposo entra y asustado de ver a todos en tanto desorden, pregunta: "¿Qué pasó aquí?" Con el pulso acelerado, tú traduces su mensaje como: "¿Es que no puedes mantener el orden en la casa?"

Es muy fácil que la pareja pueda interpretar un comentario inofensivo como crítica. Por supuesto, si uno de los dos se siente ofendido o herido por un comentario, puede dar lugar a un conflicto. Antes de sacar conclusiones, hay que tomar una respiración profunda y evaluar la situación. El poder de voluntad es importante. Antes de que te permitas reaccionar mal por un comentario, pregúntate a ti mismo: "¿Es posible que esté entendiendo esto mal?" En el ejemplo anterior, antes de que ella le grite a él por encontrarlo tan poco sensible a su situación, la esposa podría preguntarse a sí misma: "¿Él realmente quiso decir que soy irresponsable porque dejo que todo sea un desorden o tal vez quiso decir otra cosa?" Si no está segura, lo que debe hacer es preguntar, lo más calmadamente posible. Eso suena de esta manera: "Antes de reaccionar, prefiero preguntarte qué fue lo que quisiste decir con eso." En este caso, el marido podría decir: "Oh, sólo noté el humo en la habitación y me pregunté qué era lo que se estaba quemando."

Párate a revisar primero antes de frustrarte por lo que sería un comentario inofensivo. Al usar tu fuerza de voluntad y ponerle pausa a tu reacción emocional hasta que tengas las cosas claras con tu pareja, pueden prevenir conflictos innecesarios.

Escuchar reflexivamente

Una de las mejores herramientas para ganar y mostrar la comprensión es la habilidad para reflexionar sobre lo que ha dicho tu pareja. Escuchar reflexivamente implica que una de las partes le pregunte a la otra si escuchó bien lo que dijo, para no equivocarse. Esto le permite sentirse validada si la reflexión era correcta o explicar bien si no lo era. Este tipo de retroalimentación puede empezar con: "Así que lo que me estás diciendo es…" Por supuesto, esto debe ser más que una mera repetición de las mismas palabras, que puede ser algo contraproducente. Si es hecho con deseo sincero de comprensión, entonces el simple acto de reflexión puede permitirte un diálogo respetuoso y productivo.

Hace no demasiado tiempo, Scott y yo experimentamos lo beneficioso que puede ser el escuchar reflexivamente. No recuerdo qué era lo que estábamos discutiendo, pero recuerdo que me sentía frustrada por no dejar de repetirme. No sentía que él estuviera entendiendo lo que le estaba diciendo. Él me daba su punto de vista y yo de nuevo le daba el mío. Así que le dije: "Mira, por qué no me dices cuál crees que es mi perspectiva y luego te diré la que creo que es tu perspectiva." Fue increíble. Él me dijo exactamente lo que yo decía. En ese momento me di cuenta de que entendía mi perspectiva, y que no necesitaba decir nada más. Él también estaba sorprendido de que pudiera decirle exactamente lo que él estaba pensando y sintiendo. Para ambos, la experiencia fue importante por la validación y la satisfacción de saber que el otro nos entiende. Después de eso, pudimos aceptar que sólo teníamos una diferencia de opinión y pudimos seguir adelante, con mayor comprensión.

No necesita ser tan formal como lo que hicimos, donde realmente nos dijimos uno al otro: "De acuerdo, tratemos de explicar esto desde el punto de vista del otro". La próxima vez que te veas en desacuerdo con tu pareja, trata este ejercicio. Simplemente reflexiona sobre lo que dice él o ella. Si dice: "No quiero ir a la playa este año porque va a costar demasiado dinero", no te des prisa para decirle por qué no estás de acuerdo. Primero, muéstrale que lo has escuchado y que lo comprendes: "¿Así que te preocupa el presupuesto y sientes que es demasiado caro este año? Sí, lo entiendo." No tienes que estar de acuerdo. Sólo déjale saber que sabes lo que está diciendo. (Y si no captas el punto, busca algo con lo que puedas estar de acuerdo.)

Parece simple, ¿no? Pero en el momento, cuando quieres algo y tu pareja realmente quiere otra cosa, la tendencia es ponerse a defender inmediatamente cada uno su punto de vista. Esta tendencia hace que la otra persona sienta la necesidad de pelear por su lado de la historia. Entonces cada uno repele al otro. Al final, terminamos con menos entendimiento compartido que cuando empezamos el diálogo. Solemos atrincherarnos en nuestras posiciones. Si podemos demostrar a nuestra pareja que la comprendemos al reflexionar lo que hemos escuchado, va a poder seguir adelante resolviendo mejor los problemas.

Validar y enfatizar

Validar la emoción de nuestra pareja es una parte clave de la comunicación respetuosa del conflicto. Como Steven Covey ha dicho: "La mayor parte de la gente no escucha con la intención de comprender: escuchan con la intención de replicar. O bien están hablando o bien se están preparando para hablar. Están filtrando todo a través de sus propios paradigmas, leyendo su autobiografía en la vida de los otros." En el matrimonio, nuestros vínculos emocionales nos motivan a amar y apoyar al otro, especialmente en los tiempos difíciles. Nuestro primer instinto puede ser tratar de resolver el problema y seguir adelante. Sin embargo, para que alguien se sienta comprendido, debe saber que el otro puede escucharlo, validarlo y empatizar con su experiencia.

Recientemente Scott y yo descubrimos simplemente qué importante es validar las emociones y llegar a sentir empatía dentro del matrimonio. Estaba cansada y un poco tensa al final de un largo día y comencé a expresarle a mi marido algo de mi frustración. Lo que yo realmente quería era alguien que me escuchara y que me hiciera sentir querida y entendida. Scott pensó que yo necesitaba animarme. Así que en respuesta a mi comentario de cómo había pasado el día con diez niños (los nuestros más algunos de sus amigos) corriendo por toda la casa, él me dijo: "¿Qué tal que me cuentas mejor algo agradable que te haya pasado hoy?" Él estaba tratando amablemente de hacerme sentir mejor al hacerme pensar en algo positivo. Mi interpretación fue: "No me interesa oír tus frustraciones porque yo también he tenido un largo día y me gustaría hacer algo más divertido contigo." Eso me hizo sentir todavía más frustrada porque no me sentía validada. Quería que él, mi mejor amigo y confidente, me escuchara para liberarme en dos minutos diciendo: "Eso debió haber sido algo duro." ¿Muy fácil, no? Scott acabó también frustrado porque él sólo quería ayudar y ahora yo iba en la dirección opuesta.

Éste es un predicamento común entre marido y mujer. De acuerdo con los terapeutas matrimoniales Patricia Love y el Dr. Steven Stosny, la herramienta más importante para la conexión emocional es la habilidad de estar en sincronía con tu cónyuge al "estar en el mismo barco". Estar en el mismo barco es simplemente permitirte sentir lo que tu pareja está sintiendo. Cuando una persona está sintiendo una emoción –ya sea estrés, ansiedad, desaliento, tristeza, enojo o frustración– si el otro es capaz de estar cerca a esas emociones y ofrecer su apoyo, entonces ambos pueden estar en el mismo barco juntos, mucho más rápido que si trata de solamente ayudar al otro a salir de su estado emocional. El truco está en suspender el deseo de sacarla cuando él o ella esté listo para salir también. El resultado de adentrarse en la emoción y salir de ella juntos es una experiencia de vinculación amorosa muy importante.

Los hombres y las mujeres son un poco diferentes en su necesidad de empatía y apoyo. Mientras que ambos necesitan sentir que su pareja "los capta" y está ahí por ellos, las mujeres necesitan sentir al hombre más dentro de su propio barco para poder desahogarse. Por lo general necesitan más a alguien para que las escuche. Como sugieren Love y Stosny: "Quédate con ella. Ni lo ignores ni lo arregles, no le digas lo que tiene que hacer ni trates de sacarla. Si sólo estás con ella un corto tiempo, los dos pueden salir del problema juntos." Los hombres, por otro lado, pueden necesitar más bien un gesto físico de apoyo, como un abrazo o un brazo alrededor del hombro, lo que le comunica que su esposa está de su lado. Los hombres también es más probable que entiendan cuándo es el momento apropiado para ir a otra cosa sin hablar más del asunto.

Para el marido y para la mujer, lo importante es ponerse en los zapatos del otro. Trata de entender las necesidades y emociones de tu pareja, de suspender tus propios deseos y juicios. Validar esas emociones y mostrar tu comprensión creará conexiones amorosas y durables.

No eres tú, soy yo

El lugar donde ponemos las simples y pequeñas palabras "yo" y "tú" en nuestra comunicación sobre situaciones de conflicto, hace una gran diferencia sobre la respuesta que podamos dar. Considera las diferencias de sentimiento en estos mensajes: "Otra vez llegas tarde a cenar" contra "Me siento mal cuando llegas tarde a cenar." Puede parecer sutil, pero la reacción a cada frase es muy diferente según las investigaciones sobre matrimonio y comunicación. Como seres humanos, no nos gusta sentirnos desafiados o criticados. No nos gusta que nos acusen por haber hecho algo mal, incluso si somos técnicamente culpables. Algo en todo eso simplemente no nos hace sentir bien y nuestra respuesta natural es protegernos explicando por qué no fue nuestra culpa. Es por eso que una afirmación como: "Llegas tarde" puede causar una reacción como "Bueno, déjame explicarte por qué no es mi culpa", lo que puede tranquilizar o no a la persona que está enojada. Por otro lado, una afirmación que empieza con: "Me siento..." y luego explica el sentimiento que está experimentando puede implicar la necesidad de mayor comprensión. No se puede discutir lo que alguien está sintiendo. No se trata de la expresión de un hecho; es sólo una descripción de una experiencia. Un marido o una esposa que empieza una explicación con "Yo pienso" o "Yo siento" tiene más probabilidad de ayudar a su cónyuge a centrarse en las necesidades del otro, antes que tratar de defender su posición.

Esto es válido para cualquier problema que aparezca en el matrimonio. "Dejaste el coche sin gasolina, y ahora voy a llegar tarde al trabajo" contra "Me siento frustrado porque el coche no tiene gasolina y ahora voy a llegar tarde al trabajo." O bien "Otra vez te pasaste de nuestro presupuesto de comida" contra "Estoy un poco tenso por cómo se gastó nuestro presupuesto de comida". O "Has pasado mucho tiempo en la casa de tus padres" contra "Me gustaría que estuvieras más en casa." Cuando comienzas una conversación con "Yo" en estas situaciones, el que escucha puede concentrarse en las necesidades de la otra persona: él o ella se siente frustrado sobre algo. Cuando por otro lado las frases las comienzas con "Tú", el que escucha va más bien a considerar cómo explicar o cómo defenderse de por qué el coche no tiene gasolina o por qué se ha gastado tanto en comida. Las explicaciones son importantes, pero primero debemos entender y validar los sentimientos de nuestra pareja. Cuando comenzamos nuestros mensajes con "yo", nuestra pareja va a estar más receptivo a escucharnos y buscar el entendimiento.

Lenguaje corporal

La otra noche le estaba diciendo algo a mi hijo mientras él jugaba con sus legos en la mesa de la cocina. No era nada importante, pero necesitaba comunicarle algo. Los legos son distracciones poderosas, mucho más interesantes que una madre. Ocasionalmente él decía: "Ajá, ajá", pero seguía centrado en sus piezas. Así fue hasta que le di un codazo y le dije "Oye tú. ¿Sabías que no sólo se puede escuchar con los oídos? ¿Qué más hace que seas bueno escuchando?" Entendió el mensaje y dejó el juego para darme su atención hasta que le di mi aviso.

Así que también en el matrimonio el lenguaje corporal puede comunicar si estamos interesados o preocupados, o no. (He hablado sobre esto en el Capítulo 5.) Nuestro lenguaje corporal dice si, como esposos que escuchamos, estamos realmente comprometidos o interesados. Piensa en la diferencia entre las dos situaciones siguientes. Primero, un esposo está diciéndole a su esposa sobre un proyecto frustrante en el trabajo mientras ella está ordenando la cocina. Ella escucha con los oídos, pero no lo mira y parece ocupada haciendo lo suyo. O segundo, el mismo esposo está diciéndole a su esposa sobre su frustración, ella siente su emoción y se sienta en la mesa para verlo y mostrar su comprensión. ¿Puedes imaginar los diferentes sentimientos de apoyo que el esposo recibe en el segundo escenario? El lenguaje corporal es importante.

La próxima vez que entres en una discusión con tu pareja, presta atención a lo que dice tu cuerpo. ¿Estás mirando hacia arriba o cruzando los brazos o mirando hacia otro lado? Si es así, las investigaciones indican que es probable que le comuniques a tu pareja que lo que tiene que decir no es importante, o que es tonto o algo absurdo. Un cónyuge que recibe este mensaje es probable que no se sienta validado, comprendido o escuchado, lo que va seguramente a causarle frustración.

Por otro lado, el lenguaje corporal abierto y positivo puede ayudar mucho a facilitar un diálogo creativo y respetuoso. Al mirar a tu compañero a los ojos, o tener los brazos abiertos y relajados, estar sonriendo o volverte hacia él y asentir mientras habla, le transmite el mensaje: "Me importa lo que tienes que decir."

Expresa lo que quieres decir

Las parejas pueden ahorrarse mucha frustración y falta de comunicación al expresar aquello que realmente quieren decir, en lugar de esperar a que su pareja los interprete. De acuerdo con John Gray, el autor de *Los hombres son de Marte, las mujeres de Venus* (*Men are from Mars, Women are from Venus*), las mujeres hablan con frecuencia de generalidades en lugar de especificar que quieren algo y que se sienten frustradas cuando sus esposos no las entienden. Por supuesto, el Dr. Gray reporta que la queja más frecuente por parte de las esposas es que no se sienten escuchadas. Eso es usualmente porque sus maridos escucharon lo que ellas dijeron y no lo que querían decir. Si ella dice "Nunca salimos", él probablemente comenzará a explicar cómo salieron el último fin de semana. Esta explicación sin duda la hará sentir frustrada ya que él no "capta". Lo que ella quiere decir es: "Siento que no he pasado suficiente tiempo contigo últimamente, y me gustaría salir a algún lado." O si ella dice: "Cariño, hace mucho calor aquí", él puede responder con: "Pero si el termostato dice que hay sólo veinte grados." Lo que ella quería decir era "¿Puedes prender por favor el ventilador porque me siento acalorada?" Él no oyó eso. Frustrada, ella comienza a pensar que su marido no es muy listo y cómo no se preocupa por sus necesidades.

Mujeres, háganse un favor. Si necesitan algo de su esposo, sean claras. Digan lo que quieren decir. (Hombres, si su mujer no es muy clara, háganse un favor y lean entre líneas.) Si quieres una cita con tu marido entonces di: "Me encantaría tener una cita contigo este fin de semana." Si tienes frío, di: "Querido, tengo frío. ¿Me puedes pasar una manta?" Bingo, él está feliz de ayudarte. Él quiere ser el hombre que llene tus necesidades. Qué manera tan simple para llegar al entendimiento mutuo: di lo que necesitas. No esperes que tu pareja adivine lo que quieres decir y no asumas que debe conocerte lo suficientemente bien como para saber lo que estás pensando.

Di lo que necesitas

En el matrimonio, es fácil que ambos puedan sentirse frustrados por algunas cosas en el camino. De hecho, todos podemos sentirnos frustrados por muchas cosas a lo largo del tiempo. Es la naturaleza de las relaciones íntimas. Con frecuencia, cuando la pareja reconoce algo que no le gusta, acaba diciéndose: "No me gusta cuando…" o "No quiero…" Aunque estos todavía son mensajes de "yo" (que mencioné que era una mejor manera de expresar sentimientos que los mensajes del "tú"), estas frases se dicen de manera negativa. El contexto negativo puede crear tensión en el espacio entre tu pareja y tú. Pero para ir hacia una solución positiva es mucho más fácil si dices lo que sí quieres. Así que mejor que decir "No me gusta cuando dejas el pasto de esa manera", ella puede decir "Realmente me gusta mucho tener un césped bien cortado. ¿Puedes hacerlo tú?" Él ha recibido una clave directa de lo que la haría a ella feliz mejor que una queja de lo que la hace infeliz. O mejor que: "No me gusta que cambies el color de las paredes sin decírmelo antes", él puede intentar decir: "Me gustaría mucho que antes de tomar una decisión así, hablaras conmigo primero." Ahora ella sabe lo que él quiere o necesita.

La clave para una relación sana es este tipo de comunicación abierta y positiva. Como escribe el terapeuta Terrance Real en su libro *Las nuevas reglas del matrimonio: un programa avanzado para las relaciones del siglo XXI* (*The New Rules of Marriage: A Breakthrough Program For 21st. Century Relationships*): "No puedes crear una relación extraordinaria a menos que estés dispuesto a hacer el trabajo duro al identificar lo que realmente quieres y lo que buscas. No puedes tener una relación maravillosa sin tomar algunos riesgos. Muchos de nosotros tenemos miedo de que se agiten las aguas... así que 'negociamos', tratando de hacer la paz con lo que creemos que son las limitaciones de nuestra pareja. Este resultado desgraciadamente te vende barato tanto a ti como a tu pareja."

Mi vecina Carol me contó cómo el poder hablar de sus necesidades le ayudó a atravesar un conflicto particular. Durante años, había hecho la compra del supermercado. En un momento dado, su esposo comenzó a mencionar que estaba empezando a gastar demasiado. A ella no le gustó. Para resolver el problema, ella dijo: "De acuerdo, me gustaría que tú hicieras la compra y yo me encargo de la cocina." ¡Desde entonces, su esposo ha hecho las compras para una familia de trece! ¿Puedes imaginarte si Carol se hubiera quedado callada ante los comentarios financieros de Bob? ¿O que se la hubiera pasado diciéndole que no le gustaban sus comentarios? Eso sólo hubiera causado más estrés (y como ambos dicen: "No vale la pena.") Ella encontró una solución creativa y le dijo a su marido lo que quería.

Es mucho más fácil hacer algo que sabes que tu esposo o esposa quiere, que dejar de hacer algo que no quiere. (Por ejemplo, trata de hacer esto: no te imagines un elefante rojo. Deja de imaginártelo. ¿Qué es lo que estás viendo?) Si te vuelve loco que tu pareja deje el plato sobre la mesa, no te quejes solamente por el plato sucio. Parece simple, pero ¿ves la diferencia? Al usar un acercamiento positivo es más fácil motivar al otro mientras se mantienen los sentimientos amorosos entre ustedes.

Considera el momento oportuno

Piensa en las veces que tu esposa o esposo se ha sentido cansado, hambriento o estresado. Esos no son probablemente los mejores momentos para hablar de un problema. Las necesidades físicas de nuestro cuerpo tienen la facultad de abrumar nuestras capacidades emocionales. Por ejemplo, Scott es una persona matinal. Casi siempre se levanta hacia las 5:30 de la mañana, lo quiera o no. Para el final del día está exhausto. Si necesito discutir un problema con él, incluso un problema de agenda, sé que esa discusión será diez veces mejor si espero hasta la mañana.

Éste es el lenguaje que debes usar si quieres que tu pareja esté listo para comprometerse, según el terapeuta familiar Kent Griffiths: "Hey, hay algo de lo que quiero hablar contigo. ¿Es un buen momento?" Si no lo es, simplemente di: "De acuerdo, dime cuándo estás listo para hablar." Si tenemos conciencia de nuestros ritmos, me explicó el Dr. Griffiths, ambas personas van a estar listas para entrar en la discusión y continuar con una discusión respetuosa. Al escoger un tiempo para hablar cuando nuestra pareja ha descansado, ha comido, se ha refrescado, vamos a incrementar nuestras probabilidades de tener un diálogo positivo. Si no estás seguro si tu cónyuge está listo para hablar, sólo pregunta.

Toma un descanso

Mis hijos saben que cuando han roto una regla importante, se han ganado un "tiempo muerto" en su cuarto. La mayor parte de las veces este ejercicio tiene como objetivo darles un poco de espacio físico en el que puedan pensar y calmarse si están enojados. Normalmente vuelven con una nueva perspectiva y están listos para enfrentar el mundo otra vez. Las mismas necesidades se presentan en los conflictos matrimoniales, cuando a veces simplemente necesitamos alejarnos un poco para tener más claridad. Discutir mientras nuestras emociones están muy revueltas le quita sangre a nuestro cerebro donde más la necesitamos, y la manda a nuestras piernas y brazos, preparándonos para la pelea o para escapar. Esta tendencia sin duda tenía más sentido en los días del hombre de las cavernas, cuando necesitábamos más nuestras capacidades físicas para sobrevivir. Por suerte, nuestro cerebro ha evolucionado y ahora podemos razonar mejor nuestros problemas, si logramos calmarnos. Cuando nuestras emociones están disparadas, lo mejor que podemos hacer es tomar un descanso.

En la primera etapa de nuestro matrimonio, Scott era bueno para hacer esto y yo no. Yo prefería pelearme, lo que significaba debatir algo cuando ninguno de los dos estábamos en buen momento para comunicarnos. Con los años, he llegado a apreciar que cuando uno de nosotros comienza a sentirse frustrado durante nuestra conversación, podemos decir simplemente: "Me tomo un descanso." Esto nos permite calmarnos, tomar un poco de perspectiva, pensar mejor lo que cada uno quiere decir y regresar a intentarlo de nuevo. Normalmente, la segunda vez podemos resolver cualquier problema que hayamos tenido más rápido y más fácil porque hemos parado la espiral descendiente de la emoción negativa.

Es natural que las partes menos maduras de nuestra personalidad salgan cuando nos sentimos frustrados. Es por eso que es tan importante tomar un poco de tiempo y volver cuando estemos más en control. El terapeuta familiar Terrance Real lo llama tranquilizar al "niño" dentro de nosotros. Lo que él sugiere es: "Cuando las partes inmaduras de tu personalidad se desatan –ya sea las partes heridas, abrumadas o a la defensiva– en tu mente, toma al niño en tu regazo, ponle los brazos alrededor y quiérelo... y quítale las manos del volante."

Habla con tu pareja sobre la idea de tomarse un descanso. Queden por anticipado que cuando comiencen a sentir que las emociones son demasiado fuertes para continuar una conversación productiva, pueden tomarse un descanso. Si alguno de los dos lo necesita, deben respetar la solicitud. Esto no significa que no quieran resolver el problema o que no te importa cómo se siente el otro, ya sea enojado, irritado o exasperado. Simplemente significa: "Me importas tanto que quiero seguir adelante de manera más tranquila y respetuosa. No estoy en un buen momento, así que necesito un descanso para pensar mejor." Si ambos tienen el entendimiento mutuo de que de esto se trata el "tomar un descanso", respetar la solicitud será fácil. Pónganse de acuerdo qué frase o señal utilizarán para suspender y permitir que la persona que se toma un descanso regrese cuando esté lista. Esta herramienta simple puede evitar que muchos desacuerdos se salgan de control. Si se toman un tiempo ambos pueden volver a la discusión para ofrecerse entendimiento mutuo y soluciones positivas.

Déjalo pasar

Como lo hemos hecho notar anteriormente, de acuerdo con el investigador matrimonial John Gottman, 69 por ciento de los conflictos en el matrimonio son interminables e inevitables porque se relacionan con diferencias básicas de la personalidad. ¡Es una cantidad considerable de desacuerdos! Tiene sentido cuando piensas en todas las pequeñas diferencias entre dos personas. A él le gusta apretar la pasta a la mitad del tubo; a ella le gusta empezar por el extremo. A ella le gusta quedarse hasta tarde; a él le gusta acostarse temprano. A él le gusta el pescado y los vegetales para cenar; a ella le gusta la pasta. A él le encantan las montañas; a ella la playa. Ella es ahorradora; él piensa que los presupuestos son limitantes. Para poder vivir juntos y felices requerirán negociar, tener un poco de toma y daca. Habrá conflictos que no podemos resolver. Debemos estar de acuerdo en no estarlo en algunas cosas, o simplemente dejarlo pasar. Si yo llego a la pasta antes, la apretaré por el medio. Gracias a Dios, aunque Scott es un tipo al que le gustar comenzar por el extremo, no se queja. Lo importante es preguntarse: "¿Sacar a relucir esto cambiará algo? ¿Beneficiará nuestra relación?" Si no es así, déjalo ir.

Prueba la gratitud

Muchos matrimonios muestran que hay algo mucho más poderoso que estar fastidiando, criticando, enfurruñarse o quejarse para motivar cambios en el comportamiento: la gratitud. Si tu pareja está haciendo (o no haciendo) algo que te está volviendo loco, intenta un experimento. En lugar de estar molestando a tu cónyuge por su comportamiento, encuentra algo por lo que te sientas agradecido y dale las gracias.

Considera el ejemplo de la esposa que estuvo fastidiando a su marido durante meses para que pintara el cuarto. Él no lo había hecho, llevándola a sentirse muy frustrada. Sin embargo, cuando dejó de presionarlo y comenzó a agradecerle las pequeñas cosas que sí hacía, tres semanas después él encontró el tiempo para pintar la habitación.

No se trata de conseguir lo que quieres por todos los medios posibles, sino de trabajar juntos de una manera que cada parte de la pareja disfrute haciendo al otro feliz. Me gusta la manera cómo el terapeuta matrimonial, el Dr. John Chapman lo explica: "El objeto del amor no es tener algo que quieres sino hacer algo por el bien de la persona que amas. Es un hecho, sin embargo, que cuando recibes palabras de afirmación, estamos mucho más motivados para dar recíprocamente."

Dale las gracias a tu pareja regularmente por las pequeñas cosas, ya sea sacar la basura, llevar los niños a la escuela, barrer la entrada, leerles cuentos para dormir o ir a trabajar cada día. Puede sorprenderte encontrar lo motivada que está tu pareja por tu aprecio y gratitud.

Piensa en ganar/ganar

En la vida, con frecuencia se nos enseña a creer que para que alguien pueda ganar, alguien tiene que perder. En las competencias escolares, casi siempre hay un ganador, lo que significa que todos los demás no ganan. En los deportes, queremos que nuestro equipo gane. En los juegos de tablero, alguien tiene que salir el primero, o llevarse todo el dinero o ser el último en caer. En el matrimonio, es fácil mantener la misma actitud: para que una persona gane otra tiene que perder. Pero el matrimonio no es un juego de ajedrez.

Cuando mi futuro suegro me estaba examinando en la cena una noche, unas pocas semanas antes de casarme con su hijo, me hizo una pregunta: "Si un día quieres pintar la pared de rojo y Scott quiere pintarla de blanco, ¿qué vas a hacer?" Mmm, piensa rápido. Rojo... blanco... "¡Pues pintarla de rosa!", le dije. Se rió. Me sentí bastante lista. Supongo que esa era una mejor respuesta que: "Bueno, pues la pintaría de rojo pues eso es lo que yo quiero." No, no pensaba ser egoísta. Pero, ¿de verdad la pintaría de rosa? Tenía que haber una mejor respuesta.

La negociación tiene una función en cada matrimonio. Pero la negociación no quiere decir que nadie reciba lo que quiere. Siempre se puede negociar desde un punto de vista de adversarios o de vista de colaboración. Los adversarios se sientan en los lados opuestos de una mesa, peleando para lograr un trato. La mujer dice: "Quiero ir a la playa por cuatro días con la familia. Cada noche de hotel son cien dólares, así que va a costar cuatrocientos dólares." El marido, en el lado opuesto, está diciendo: "Eso es demasiado. No creo que debamos gastar nada de dinero. Nuestro presupuesto está muy restringido en este momento." Ella le replica: "Bueno, realmente quiero salir de viaje. Así que te propongo algo: cortamos dos días del viaje y así no costará tanto. Serán doscientos dólares. Es mi oferta final." Él todavía se siente incómodo con el gasto, pero sabe que tiene que ceder un poco. "De acuerdo." Ella recibe una parte de lo que quiere y él no está tan en desacuerdo como al principio.

Por otro lado, desde un punto de vista de colaboración es cuando el marido y la esposa trabajan juntos para tener lo que ambos quieren en una actitud de ganar/ganar. Sólo se requiere un poco más de creatividad para resolver los problemas. En este caso, el esposo y la esposa se sientan en el mismo lado de la mesa, analizando las variables frente a ellos. Lo que ella quiere es cuatro días en la playa con la familia. Él no quiere gastar tanto dinero. Así que ambos piensan un poco en las opciones y encuentran una solución de ganar/ganar que no es lo originalmente ninguno de ellos hubiera propuesto. La solución que ambos crearon conjuntamente es... (redoble de tambores)... ¡ir de campamento a la playa por cuatro días! Él se siente feliz de no gastar dinero en un hotel, y ella está feliz de tener unos días en la playa. Ésta es exactamente la manera en que Scott y yo aprovechamos las vacaciones de primavera este año. Los dos tuvimos lo que queríamos pero de manera distinta a como lo habíamos imaginado.

Pelea la batalla que vale la pena: herramientas simples para manejar el conflicto

Cuando tengas un problema por resolver, piensa creativamente. No trates de ganar sola. Como el Dr. Griffiths me dijo, en el matrimonio, si ganas (a expensas de tu pareja), pierdes intimidad y cercanía. En pocas palabras: "Si ganas, pierdes." Cuando vayas a resolver un problema, plantéate negociar para colaborar. Pensar en ganar/ganar te abrirá la puerta a muchas posibilidades creativas y te permitirá resolver problemas de manera productiva. Para la pregunta sobre la pintura, no creo que rosa fuera la respuesta correcta. Ahora probablemente diría: "Si nos sentamos y hablamos de eso por un rato, estoy segura de que podríamos dejar algunas paredes en blanco y otras en rojo." Incluso podríamos decidir, al final, que planear es nuestra manera favorita de hacer las cosas. A veces sólo tenemos que pensar fuera de la caja (o de la habitación, o del presupuesto).

El conflicto en el matrimonio es inevitable. Si lo manejas bien, puedes resolver tus problemas creativamente, mantener los sentimientos amorosos en el espacio entre ustedes y evitar el problema que viene cuando falla la comunicación en el momento de los conflictos.

Acciones a realizar en dos minutos

(para completar una vez y repetir muchas veces)

- Si tienes un problema que plantearle a tu pareja, recuerda mencionarlo con suavidad, sin atacar y sin enojo. No olvides que los primeros minutos puede hacer o deshacer el camino de la discusión.
- Cuando tu pareja menciona un problema, antes de explicar cómo te sientes, recuerda buscar primero la comprensión. Pregúntate si entiendes claramente lo que tu cónyuge trata de comunicarte.
- Cuando tu pareja te hable de un problema y tu primer instinto sea estar en desacuerdo, o cuando no entiendas algo que haga, formula las preguntas para que te lo aclare.
- La próxima vez que tu pareja esté explicando su lado del problema, usa la escucha reflexiva para mostrar que has prestado atención y comprendido lo que te ha dicho.
- Si tu pareja está molesta, muestra empatía. Valida sus emociones al hacerle saber que la entiendes y puedes imaginar cómo se siente. Deja que sienta que estás ahí compartiendo la emoción antes de tratar que la deje a un lado.
- En lugar de atacar a tu cónyuge cuando estás frustrado, usa mensajes con "yo" para explicar cómo te sientes y para evitar que se ponga a la defensiva.

- Sé consciente de tu lenguaje corporal la próxima vez que tengas una discusión con tu pareja. Pregúntate si está comunicando apertura y preocupación o bloqueo e irritabilidad.

- Cuando necesites algo de tu pareja, dile exactamente qué es. No asumas que debería saberlo.

- En lugar de decir lo que no te gusta o lo que no quieres, dile a tu esposo o esposa lo que quieres y te gusta. Recuerda que esto puede ser la diferencia entre sentirse criticado o motivado a cambiar.

- Habla con tu cónyuge sobre una frase que signifique "Necesito un descanso" durante un conflicto, y estén de acuerdo en respetar esta solicitud cuando lo necesiten. La próxima vez que comiences a sentirte enojado durante un conflicto, recuerda que dejar que el enojo se exprese sin control puede llevarte a hacer o decir algo que luego puedes lamentar. Toma un descanso.

- La próxima vez que tengas un conflicto potencial que necesites tratar con el otro, recuerda colaborar al pensar en ganar/ganar en lugar de ganar/perder. Si lo haces de esta manera, tienes una mayor posibilidad de ofrecer soluciones creativas.

Capítulo 8

Lo que no se debe hacer: los comportamientos amargos que dejan un mal sabor

"Si quieres sacrificar la admiración de muchos hombres por tener la crítica de uno solo, adelante, cásate."

Katherine Hepburn, actriz estadounidense

Como lo señalamos en el capítulo anterior, el conflicto es normal e inevitable en el matrimonio. Eso es exactamente lo que pasa cuando dos personas interesantes que tienen vidas separadas se unen para vivir una sola. El conflicto no es malo en sí mismo, pero algunos tipos de comportamiento que surgen durante el conflicto pueden ser más dolorosos que útiles. Estos comportamientos que tienen como base el resentimiento, no deberían tener cabida en tu matrimonio (y con referencia a lo que le preocupa a Katherine Hepburn, ¡no tienen por qué hacer que evites el matrimonio completamente!). Al alejarse totalmente de los comportamientos que generan dolor, puedes mantener el amor en tu matrimonio incluso si hay problemas por resolver. Aquí hay algunas sugerencias simples de lo que no debes hacer.

No te abrumes por las cosas pequeñas

En la vida como en el matrimonio, la mayor parte de los desacuerdos son cosas pequeñas. Sabes a lo que me refiero: papel de baño puesto de la manera "equivocada", calcetines sucios en el piso, alguien que llega tarde a casa, la cena que no estaba lista, demasiadas noches con los suegros, chupar las sábanas o un comentario mal interpretado. Puedes dejar que te afecte o puedes dejarlo ir. Si realmente te molesta, y es una situación constante, entonces habla sobre eso con tu pareja. Nadie quiere que llegues a explotar por tener demasiada frustración contenida. Pero puedes dar un paso atrás y preguntarte: "¿Es esto realmente importante?" Quizá descubras que puedes soltar más de lo que piensas.

Por un tiempo, muchos terapeutas apoyaron la idea de que desahogarse era bueno para el enojo. Pero resulta que el enojo sólo genera más enojo. Una cosa es expresar lo que uno siente y otra muy distinta enojarte con tu pareja por algo trivial, lo que puede dañar las conexiones de afecto que los unen. Scott vivió un tiempo con un amigo que manejaba muy bien las frustraciones de la vida. Una vez, Scott le preguntó: "¿Cómo haces para estar tan tranquilo?" Su compañero le respondió: "Tomo una respiración profunda y trato de pensar en otra cosa. Por lo general después de diez minutos, lo que sea que fuera el problema ya no tiene mayor importancia." Ese tipo de actitud puede ser muy beneficiosa en el matrimonio.

Para mi amiga Mariah, algo tan mundano como ordenar el correo se vuelve una oportunidad para su marido de comunicar amor por lo que no hace. Como ella misma dice: "Tengo una tendencia a dejar que se acumule el correo. En lugar de preguntarme por qué no puedo organizarme bien, cuando la pila se vuelve enorme, Evan simplemente lo verifica y lo ordena, dejándome las cosas importantes para que las vea. Me gusta sentir que alguien está ahí para respaldarme y que es tolerante donde todavía tengo que mejorar." El marido de Mariah pudo haberse sentido irritado por la actitud de su esposa. Pero él sabe que no vale la pena (y él probablemente sabe que nunca se ofreció a ser la que organiza el correo en la familia). De cualquier modo, encontrar maneras de soltar esas pequeñas cosas en lugar de permitir que nos irriten puede ser una fuente de fuerza en nuestro matrimonio.

No hagas suposiciones

¿Acaso no es fácil tener nuestras propias explicaciones de por qué nuestra pareja dijo o dejó de decir algo? Desgraciadamente esas conjeturas con frecuencia son negativas, y por lo general están equivocadas. Como seres humanos, tenemos la tendencia de sentirnos víctimas, especialmente si un comportamiento tiene una historia particular. Por ejemplo, la otra noche Scott vino a casa media hora tarde cuando esperaba que llegara para empezar a cenar. Él va al gimnasio después de su trabajo, así que de inmedaito empecé a pensar: "¡Scott, el gimnasio no debe ser más importante que tu familia! ¡Yo te necesito aquí!" Por supuesto, le di un poco de tiempo y le pregunté qué era lo que había pasado. Entonces me dijo que se quedó en una llamada muy importante con un cliente, y que ni siquiera había tenido tiempo de ir al gimnasio. Ups.

Una escena de la película *El padre de la novia* demuestra que las suposiciones pueden llevarte a tener problemas. Annie, que pronto va a casarse, abre un regalo de su prometido. El regalo es una licuadora. Ella se enfurece y rompe el compromiso, suponiendo que su novio espera que ella se pase todo el día haciendo cosas de la casa y cocinando maravillas. Su padre, en un momento raro de paciencia y perspectiva, trata de calmarla diciéndole: "Él sólo pensó que te gustaría usarla para moler algo. Eso es todo." Ella sonríe, dándose cuenta de que había tomado muy rápidamente conclusiones equivocadas. Entonces decide que sí se casa.

Cada día hay muchas oportunidades de hacer suposiciones en el matrimonio. Ya sea imaginar por qué está irritable, asumir que ella debe estar encantada de ir otra vez al boliche en la que noche que tienen para estar juntos, pensar que seguramente a él le va a fascinar el color lima para el baño o que está callada porque no le gustó la cena; podemos llegar a estar frustrados muy fácilmente por nada. En el matrimonio como en todo lo demás, si haces suposiciones, estás abriendo la puerta a los problemas. Aquí hay una solución muy simple: si tienes dudas, pregunta.

No critiques

El investigador matrimonial John Gottman, a lo largo de sus décadas de trabajo estudiando parejas ha encontrado que el primer signo de problemas en el matrimonio es la presencia de la crítica. Quejarse de un comportamiento no es necesariamente una cosa mala... mientras se dirija a una situación precisa o a un comportamiento particular. Por ejemplo, si un esposo ha dejado su ropa en el suelo, su esposa podría decir: "Realmente me molesta cuando dejas tu ropa tirada." Eso es una queja. Una crítica sería: "Eres muy perezoso", atacando la personalidad de su esposo. Cuando los dos miembros de la pareja comienzan a criticarse, su matrimonio está en problemas. Las conexiones que normalmente forjan el vínculo de intimidad entre dos personas empiezan a romperse por medio de las palabras. Decir cosas como "No puedes hacer nada bien" o "¿Cuál es el problema contigo?" Crea una negatividad hiriente y distancia entre ellos.

Si tienes un problema que discutir, discútelo suave y respetuosamente en lugar de hacerlo con crítica. Si crees que discutir probablemente no va a cambiar en nada la situación, entonces es una de esas diferencias de carácter o algo que pasa algunas veces, entonces trata de llevarlo con paciencia y comprensión. En el matrimonio, practicar la paciencia lleva a crear conexiones sumamente fuertes. Como dijo mi amiga Melissa: "Greg me hace sentir que soy todavía maravillosa, incluso si él no ha lavado los platos ese día. En lugar de quejarme cuando viene a casa y decirle que todavía no los ha lavado, en cuanto él llega se pone a ello sin necesidad de que él se disculpe o de que yo se lo diga. Él hace lo mismo con la ropa que hay que lavar. Últimamente dice: 'Yo estoy en tu equipo y los dos nos ayudamos.' Entonces me besa y se pone manos a la obra. Quiero verdaderamente a este marido mío."

Es fácil ver por qué. La mayor parte de la gente no se siente motivada a cambiar a partir de la crítica. Pero el amor, por otro lado, sí es una fuerza poderosa para el bien.

No estés a la defensiva

Es parte de la naturaleza humana defendernos cuando nos sentimos atacados. El asunto es que esta tendencia puede ponernos en problemas y evitar que podamos escuchar cuando nuestra pareja tiene una preocupación real. Permanecer a la defensiva es, según el Dr. Gottman, una actitud tan venenosa para el matrimonio que casi puede usarse para predecir el futuro divorcio. Estar a la defensiva es una manera de culpar a tu pareja por el problema entre ustedes, que en realidad aumenta el conflicto en lugar de resolverlo. Considera este ejemplo: un marido le dice a su esposa: "Creo que necesitamos cortar un poco la compra de zapatos." Ella responde a la defensiva: "Oye, no soy la única gastando dinero aquí. Mira la televisión de pantalla grande que compraste. ¿Realmente necesitábamos todas esas pulgadas?" En lugar de tratar de entender su preocupación, ella le regresa el problema. Este tipo de reacción es peor que dejar sin resolver el problema original. Esto hace que el problema se proyecte hacia otro nivel.

Muchas veces en nuestro matrimonio, me he puesto a la defensiva cuando Scott ha tratado de decirme algo que lo tenía frustrado. Lo tomaba como personal cuando él sólo buscaba un intercambio útil e importante. Después de todo, tenemos que poder comunicarnos con el otro más allá de cuando hay un problema. Él también cae en la trampa, a veces tratando de defenderse cuando yo le digo algo sobre su comportamiento. Estar a la defensiva es de muy poca ayuda en todos los niveles, limita nuestra habilidad para escuchar y aprender. El truco es bajar la guardia, acallar nuestro orgullo y estar abierto a las necesidades de nuestra pareja.

No te retraigas

Otro comportamiento que causa muchos problemas es lo que el Dr. Gottman llama "construir un muro de piedra", que es cuando uno de los miembros de la pareja deja de estar en sintonía o se aleja en una discusión por un conflicto. Esto es diferente de tomarse un descanso para relajarse. Al retirarnos nos cerramos, terminando la discusión y comunicando que "no me interesa resolver esto contigo".

Las investigaciones sobre el matrimonio han encontrado que por lo general son los hombres los primeros en retraerse durante un conflicto, cuando sienten que su esposa los está acosando o atacando. De acuerdo con los estudios, este mecanismo de alejamiento forma parte de nuestra química antigua. Cuando nuestros ancestros primitivos encontraban una bestia salvaje, por ejemplo, el deseo de escapar cumplía la función de salvarles la vida. Las bestias salvajes no forman parte habitual de nuestra vida ahora (incluso en el peor día de tu pareja), pero las situaciones desagradables pueden todavía hacer aflorar la misma necesidad de escapar. Desafortunadamente, ese mismo mecanismo puede ser una causa para el fracaso matrimonial, ya que un esposo que se retrae manda un mensaje a su mujer que no le importa, haciendo que crezca la frustración de ella, que a su vez produce más retraimiento.

Este comportamiento puede darse incluso sin dejar la habitación. Si uno de los esposos no está usando la típica respuesta: "Ajá, ajá", moviendo la cabeza, o haciendo preguntas ni teniendo contacto visual o algún otro tipo de retroalimentación, la persona ya se ha retirado, tanto física como emocionalmente de la conversación. Esencialmente la persona se desconecta, mostrando una falta de interés en el problema que están tratando. Eso, a su vez, comunica una falta de preocupación por la pareja que está buscando ayuda.

Antes que escapar del problema, retraerse hace que el problema se vuelva peor. Estar presente en momentos de conflicto es una señal importante de que te importa. Incluso si tu pareja no te ofrece en ese momento el mejor tipo de comunicación (se siente el ataque o la crítica), trata de ver más allá de las apariencias para ver la preocupación que te está expresando. Si ella está hablando de una manera tal que hace que sea para ti difícil de escuchar, dilo y pide cariñosamente que te ayude a entender de otra manera lo que necesita. Todos queremos saber que nuestra pareja está de nuestro lado. Ponte a su disposición para discutir problemas cuando ocurren si quieres mantener fuerte tu vínculo matrimonial. No trates sólo de protegerte poniéndote en guardia.

No reacciones si estás enojado

Tratar de resolver un problema cuando estás enojado es como intentar armar un rompecabezas con los ojos tapados. Simplemente no tenemos la cantidad de sangre necesaria fluyendo en nuestro cerebro cuando estamos tan enojados para resolver algo (la sangre se ha ido a nuestros brazos y piernas, preparándonos para pelear o para huir). En lugar de poder llegar a un acuerdo, es más probable que digamos o hagamos algo de lo que vamos a arrepentirnos. El enojo es un catalizador para algunos de los peores comportamientos en el matrimonio, incluyendo gritar, insultarse y abusar tanto verbal como físicamente del otro. Nadie en su sano juicio quiere usar ese tipo de comportamiento destructivo con su pareja. Ésa es la razón por la que tranquilizarse es tan importante. Como dice el consejero matrimonial, el Dr. William Harley: "Cuando los miembros de la pareja están enojados el uno con el otro, no deberían decir nada antes de haber tenido tiempo de calmarse porque cualquier cosa que digan será abusiva y malsana. Pueden creer en mi palabra de psicólogo clínico, cuando la gente está enojada, experimenta un estado temporal de locura y, por tanto, no deben decir nada hasta que desaparezca el enojo."

¿Has estado alguna vez ahí? ¿Te has visto moviéndote en círculos peleando y luego, finalmente, cuando te das un tiempo y dejas que las cosas se calmen, comprendes que has estado exagerando? ¿O te das cuenta de que lo que dice tu pareja no es tan ridículo? En mi experiencia, a veces todo lo que se necesita son unos pocos minutos en otro cuarto. Entonces, la mayor parte del tiempo, aquello por lo que estaba frustrada no parece importar mucho y lo que decía Scott parece tener más sentido. Cuando sientes que te estás enojando, tómate un poco de tiempo para tranquilizarte antes de continuar. Así es probable que encuentres una solución más creativa.

No digas "siempre" y "nunca" (de maneras negativas)

Ésta es una regla que uso con los niños todo el tiempo. Cuando escucho: "¡Ella siempre rompe mis legos!" o "¡Él nunca quiere jugar conmigo!" Les recuerdo que esas afirmaciones simplemente no son verdad. También les recuerdo que son bienvenidos de usar esas palabras de maneras positivas, como en: "Yo siempre te querré" y "No quiero volver a herirte nunca." Pero cuando hablamos negativamente, "siempre" y "nunca" son palabras que alejan a dos personas.

Las mismas reglas se aplican al matrimonio. Cuando empezamos a echarnos en cara los absolutos negativos para establecer nuestro punto de vista, como por ejemplo: "¡Siempre llegas tarde!" o "¡Nunca te importa lo que yo pienso" estamos preparando el camino para la pelea. En nuestro enojo o en nuestra frustración, a veces nos gusta usar estas palabras para tener un efecto dramático. Pero el hecho es que no son palabras útiles. Nuestra pareja sólo oirá las palabras que hacen nuestro comentario imposible. En lugar de tratar de enfrentar el problema productivamente, explicará cómo es falso que "siempre" esté tarde o que "nunca" le importe nada.

Es mucho más útil regresar a esos mensajes de "yo" y "tú", explicando cómo un cierto comportamiento nos hace sentir. En este caso, es mucho más útil decir: "Me siento frustrada porque llegas tarde otra vez" o "A veces siento que no te importa lo que pienso." ¿Ves la diferencia? Esas frases que hablan de sentimientos son mucho más capaces de motivar el deseo para enfatizar y resolver el problema que cuando usamos ataques dramáticos.

No compares

Puede que no consigas la mayor motivación si le dices a tu marido lo maravilloso que es el marido de fulanita cortando el césped, o si le dices a tu mujer cómo se parece a tu madre cuando habla. Por supuesto, es más probable que tu pareja se sienta más frustrada y tal vez incluso resentida. Deja fuera las comparaciones.

Yo he cometido el error de hacer eso una que otra vez. Durante diferentes periodos de nuestro matrimonio, he querido más ayuda de Scott a la hora de acostar a los niños (que por lo general está cansadísimo al final del día, trabajando como abogado). "¿Sabías que el señor X baña a los niños, les pone la pijama y les lee cuentos cada noche? ¿No es fantástico? ¡Sobre todo para su mujer!" Pensé que así le dejaría claro que otros padres lo hacían, en caso de que Scott no se hubiera dado cuenta de lo que se suponía que tenía que hacer también (o por lo menos eso era lo que yo esperaba que hiciera).

Desafortunadamente para ambos, esos comentarios hacían que se sintiera más frustrado y que se obviara todas las cosas que él hace que no hacen otros padres. Ninguno de los dos nos sentíamos muy bien así. Él no sentía mi gratitud, y yo no tenía la ayuda que buscaba. Desde entonces he aprendido a decirle a Scott simplemente cuando necesito algo, y concentrarme en las cosas que él hace por la familia por las que me siento agradecida. Por ejemplo, conozco a esposos que toman algunas noches para ellos, para jugar videojuegos con sus amigos. Qué bueno por ellos, pero Scott prefiere pasar el tiempo con nuestra pequeña familia. Estoy agradecida por eso. Lo que quiero establecer es que en el juego de las comparaciones nunca se puede ganar. Sólo ves las cosas buenas que alguien tiene en lugar de las cosas buenas que tú tienes. Si necesitas algo de tu pareja, pídeselo.

No lleves la cuenta

¿Tienes una libreta donde anotas cada vez que tu marido se equivoca? ¿Le echas en cara este "marcador" cada vez que aparece otro problema? ¿Recuerdas continuamente locuras del pasado cuando tu pareja ha tratado de hacer las cosas bien? En el matrimonio, todos cometemos errores. Todos somos humanos. Cuando elegimos llevar la cuenta, recordando regularmente los errores del otro, o guardando resentimiento, estamos jugando un juego que nadie puede ganar. Esta es una regla importante para hacer que el nivel del juego siga siendo bueno: no lleves la cuenta. Si puedes trabajar tus errores en la soledad, será mucho más fácil trascenderlos.

Por ejemplo, digamos que a un esposo se le olvida el cumpleaños de su esposa. Sí, eso ya es bastante malo. Pero si se ha disculpado y en realidad ha sido un momento complicado en su vida, y ha tratado de hacer las cosas bien, ella tiene que soltarlo. Si todavía seis meses después se le olvida ponerle gasolina al coche como le había prometido a ella, no es justo que ella le diga además: "¡Sí, y también se te olvidó mi cumpleaños!"

Las investigaciones matrimoniales sugieren que la habilidad para perdonar y olvidar es un medidor del éxito de una pareja. En un estudio de matrimonios de larga duración, John Gottman y sus colegas fueron capaces de predecir con un 94 por ciento de precisión cuáles matrimonios estarían todavía juntos y cuáles se separarían al cabo de tres años basándose solamente en cómo veían los momentos de su pasado. Si tenían sentimientos positivos y cariñosos sobre su historia y sus experiencias juntos, las parejas permanecían juntas. Si veían su pasado con sentimientos de frustración y negatividad, era probable que se separaran. ¡No te olvides que todo eso solamente estaba en su cabeza! No es que la vida fuera fácil para algunas parejas y que otros tuvieran muchos problemas. La diferencia estaba en si eran capaces de soltar las frustraciones. El impacto estaba en sus sentimientos, pensamientos y memorias. ¿Llevar la cuenta? Hacerlo podría tener un impacto equivocado. Más bien es vital la habilidad para perdonar, olvidar y seguir adelante con sentimientos cariñosos y con esperanza para el futuro.

Estos comportamientos amargos y destructivos tienen el potencial para quitarle una buena tajada a tu felicidad matrimonial. No van a resolver los problemas que inevitablemente van a presentarse, y van a debilitar los sentimientos amorosos que quieres mantener brillantes. Deja atrás estos comportamientos cuando interactúes con tu pareja. Si lo haces, verás que resolver los conflictos, en lugar de distanciarlos, va a acercarlos más.

Acciones a realizar en dos minutos
(para completar una vez y repetir muchas veces)

- Si sientes que te enojas con algo que tu pareja está o no haciendo, toma un momento para considerar si te "preocupas mucho por nada". Si es algo que no va a molestarte en una hora, o si es un rasgo de personalidad que no puedes cambiar, déjalo ir.
- La próxima vez que sientas que vas a sentirte ofendido por algo que tu cónyuge ha hecho, verifica si estás haciendo suposiciones. Si es así, detente y verifica con tu pareja antes de llegar a una conclusión.
- Si sientes la urgencia de criticar a tu pareja por algo que no te gusta, para. Encuentra una manera de explicar tranquila y suavemente tus sentimientos sobre una situación o un comportamiento particular sin atacarlo.
- La próxima vez que sientas el deseo de defenderte, para y escucha lo que tu pareja intenta decir. Escucha sus sentimientos y el verdadero problema, recordando que la actitud defensiva no ayuda a resolver los problemas.
- Si sientes la urgencia de retirarte de la conversación con tu pareja, para y recuerda que lo que quieres es su felicidad. Escucha abiertamente y con buena voluntad, sin importar cómo está comunicándose el otro, para poder encontrar una solución juntos. Si necesitas tomar un poco de tiempo

para tranquilizarte, pídelo y deja a tu pareja saber que regresarás en cuanto estés listo para hablar.

- Si sientes que te está enojando una situación de conflicto, pide a tu pareja un momento antes de continuar. Retoma el control y vuelve a intentarlo.
- Antes que decirle a tu pareja lo que "siempre" o "nunca" hace, detente y replantéalo en una manera que sea realista y que traduzca la manera cómo te sientes con esos absolutos.
- En lugar de comparar a tu pareja con alguien a fin de motivarlo y decir algo importante, simplemente recuerda las cosas por las que te sientes agradecido. Si necesitas algo, pídeselo de una manera amable, después de manifestarle tu agradecimiento.
- Si tu esposo o esposa se ha disculpado por un error o ha hecho un esfuerzo sincero por arreglar las cosas, no lleves la cuenta y no lo saques a relucir de nuevo. Simplemente olvídalo y déjalo ir.

Capítulo 9

Estar otra vez juntos: las disculpas y el perdón

"Estar equivocado no significa nada,
a menos que sigas recordándolo."

Confucio, filósofo chino

Dentro del matrimonio, cada uno de los compañeros impacta constantemente al otro, lo que significa que las oportunidades para disculparse y para perdonar son muchas. Estas dos pequeñas frases son fuerzas poderosas para sanar en una relación: "Lo siento" y "Te perdono". Por supuesto, para que funcionen estas palabras, la actitud con que se haga lo es todo. Deben expresarse sinceramente, con una intención honesta de reparación para poder seguir adelante.

Las disculpas y el perdón son el *ying* y el *yang* en el matrimonio —están conectados y dependen de cada uno para poder ser sanadores. Si una persona se disculpa y la otra no la perdona, permanece la negatividad. Lo mismo se aplica si una persona está dispuesta a perdonar pero la otra rehúsa pedir disculpas. El que perdona puede permanecer estoico por un tiempo, pero si continúan las ofensas sin pedirse disculpas, el resentimiento puede echar raíces. Si los dos compañeros están comprometidos a hacer las cosas bien frente a un problema, entonces las partes ásperas en el matrimonio pueden quedarse en el pasado. Las disculpas y el perdón, cuando se usan juntos, hacen que el camino hacia adelante sea más suave.

Arreglar las cosas, parte 1: pedir perdón

Una parte importante al decir "lo siento" es tener la voluntad de aceptar que hemos hecho algo para herir a nuestra pareja, y que queremos arreglar las cosas. De acuerdo con la psicóloga Susan Heitler, para disculparse verdaderamente, una persona debe seguir varios pasos: 1. Aceptar el error, 2. Expresar arrepentimiento, 3. Aclarar que no fue intencional, 4. Explicar las circunstancias, 5. Reparar el daño, 6. Aprender del error y hacer un plan para prevenir el problema en el futuro.

Seguramente esos pasos se aplican a grandes errores que puedan haberse dado entre los esposos, así como en pequeños roces. Por ejemplo, recuerdo muchas veces en nuestro matrimonio cuando Scott y yo hemos estado en desacuerdo y le he hablado en un tono áspero. Sé muy bien que el tono con el que comunicamos afecta los sentimientos de amor y de paz en el matrimonio. Scott y yo hemos acordado ya sea solucionar las cosas respetuosamente o bien tomar un tiempo hasta que podamos hacerlo. A veces eso es más difícil de lo que parece. Cuando yo he metido un poco la pata y me he comunicado con él de manera no respetuosa, siempre sé que debo disculparme. Es extraño lo difícil que puede ser. Una disculpa sincera significa que estaba equivocada. Y no me gusta estar equivocada.

Una de las mejores cosas del matrimonio es que simplemente no importa quién tiene la razón y quién está equivocado. Por supuesto, la mayor parte del tiempo, ambas personas puede encontrar algo por lo que tengan que disculparse. Como le digo a mis hijos: "Se necesitan dos para bailar el tango." Alguno tiene que tener la grandeza de ser el primero en disculparse. Es más fácil cuando recuerdas lo que es realmente importante en tu relación. Como lo mencioné antes, como dice el Dr. Griffiths: "En el matrimonio, si ganas, pierdes." Si quieres "ganar" a expensas de tu pareja, si no puede admitir cuando estás equivocado, entonces tu relación pierde. Me encanta el título de un libro sobre el matrimonio que parece resumirlo todo: *Puedes tener razón o puedes estar casado*. Este libro es básicamente sobre parejas que no podían encontrar la manera de enfrentar sus diferencias y arreglar todo. El punto es que, en el matrimonio, la relación es la prioridad.

En mi caso, después de que he podido aceptar que no importa si estoy o no en lo correcto, así es como me disculpo, usando los pasos de Heitler: 1. Siento mucho no haberte hablado de manera respetuosa cuando hablé contigo antes, 2. No debí haberte hablado así, 3. No quise herir tus sentimientos, 4. Me sentía muy frustrada y debí haber tomado un momento aparte, 5. Quiero que sepas que respeto tu opinión y quiero escuchar lo que necesitas, 6. La próxima vez tomaré un descanso si siento que estoy muy enojada.

Date cuenta de que no dije: "Siento que te hayas sentido tan ofendido con eso." Disculparte por cómo reaccionó el otro no es realmente una disculpa. El Dr. Frank Gunzburg, que ha sido consejero matrimonial por varias décadas, lo dice así: "Ten cuidado cuando te disculpes de que toques las preocupaciones de tu pareja, y de que aceptes la culpa. Esto les ayudará a ambos a dejar atrás el error."

Le pregunté a Scott si se acordaba de otros ejemplos en los que yo había metido la pata y luego me había disculpado. Dijo: "Bueno, supongo que eso es lo maravilloso de las disculpas. La verdad es que no me acuerdo de nada." Después de una buena disculpa, ése es realmente el resultado que buscamos. No tenemos que recordar y no llevamos la cuenta.

El efecto de una disculpa sincera no puede ser subestimado. Un amigo mío dijo: "Una verdadera disculpa hace que el ambiente sea otra vez seguro." Cuando se ha hecho un daño y no se ha ofrecido ninguna disculpa, el espacio entre las dos personas se llena de desconfianza y tensión. Por otro lado, cuando sabemos que nuestra pareja ha expresado su arrepentimiento y se ha comprometido a cambiar, podemos confiar y sentirnos otra vez cercanos. El pizarrón otra vez está limpio. Nadie es perfecto, pero con una disculpa sincera, podemos comprometernos a ser mejores.

Las disculpas pueden ser rápidas, fáciles y frecuentes en el matrimonio, si las dos personas están listas para que las cosas estén bien. Le pregunté a mi cuñado qué pensaba sobre las disculpas, particularmente porque tiene mucha experiencia en liderazgo, lo que incluye haber sido presidente del consejo estudiantil de la secundaria y capitán del equipo de rugby de la universidad. Me dijo: "Esa es una habilidad muy importante en la vida: poder aceptar un error y poder disculparse sin excusa. No queremos evitar la culpa y tratar de explicarla diciendo: 'Bueno, yo no quise decir eso.' Las pequeñas cosas en el matrimonio pueden arreglarse rápido y fácilmente si las dos partes están dispuestas a pedir perdón y tomar la responsabilidad."

Aquí hay un ejemplo simple: La otra noche, Scott se ofreció a llevarse a los niños para que yo pudiera ir a una librería a escribir. Yo ya no llegaría a la hora en que los niños se acuestan. Me sentí tan agradecida, pero mientras me iba le dije: "Sería maravilloso que cuando regrese los niños no estén corriendo por toda la casa mientras duermes en el sofá." Ahí hay una historia, pero ése no es el punto. Lo importante es que Scott se ofreció a hacer algo amable por mí y yo le dije algo que no era amable. De hecho, pudo haberse sentido ofendido por mi sugerencia. Pero no dijo nada.

Me di cuenta cuando ya estaba manejando, y cuando llegué a la librería le envié un mensaje diciendo: "Siento lo del comentario del sofá.

Está bien si los niños están colgados del ventilador del techo cuando llegue. Estoy muy agradecida por haberme dado este momento." Scott apreció mucho el gesto y me perdonó rápidamente. Por suerte, no se había sentido ofendido por mi comentario en primer lugar, otro de los beneficios de la comunicación amorosa. (Debo decir que los niños ya estaban cómodamente en sus camas cuando yo llegué.)

No se requiere mucho para hacer esto. Después de todo, si ambos están comprometidos a disculparse cuando hayan herido al otro, ya fuera intencional o no, entonces su relación gana. Este acto ayudará a que el fuego siga vivo entre ustedes.

Arreglar las cosas, parte 2: perdona

Si buscas la palabra *perdonar* por internet en el diccionario Merriam-Webster, esto es lo que encontrarás: "dejar de sentir enojo (hacia alguien que ha hecho algo malo); dejar de sentir enojo sobre algo; dejar de sentir resentimiento contra alguien (que nos ha ofendido)." ¿Te diste cuenta de para quién es primeramente el perdón? No es solamente un regalo para tu pareja, que hizo el error. El perdón es un regalo para ti.

Una de las más increíbles historias de perdón que conozco viene de la experiencia de un hombre que llama Chris Williams. Su mujer embarazada y su hijo murieron en un accidente de auto gracias a un conductor ebrio. En lugar de llenarse de resentimiento hacia el conductor, Chris encontró la manera de perdonarlo. En una entrevista con el diario local, cuenta cuando se dio cuenta de que debía dejar ir la rabia y perdonar al joven, "de repente estaba ahí una nueva perspectiva y la comprensión de que yo podía estar bien... Una de las grandes bendiciones del perdón es que permite que la tragedia termine. No se necesita que se desperdicien más vidas." Gracias a que pudo perdonar de corazón, Chris ha podido sanar y de nuevo tener una maravillosa vida de familia. Sin el perdón, la amargura pudo haber arruinado el resto de su vida.

El mismo principio se aplica en el matrimonio, donde los defectos del otro nos son íntimamente familiares. Las disculpas son muy importantes, pero las disculpas no llegan lejos si el otro no quiere perdonar. Piensa por ejemplo en el esposo que no llega al recital de danza de su hija, tal y como había quedado. Si él está verdaderamente arrepentido y quiere hacer algo para arreglarlo, qué bien puede hacer si le dice: "Bueno, ¿las cosas no están bien?" O bien considera a la esposa que le grita al esposo y luego pide que la perdone. Si no puede perdonarla entonces él tiene tanta culpa como ella por añadir tensión al espacio entre ellos.

El perdón es una opción para seguir adelante. Así lo explica Fred Luskin, director del Proyecto del Perdón de la Universidad de Stanford: "Todo el trabajo del perdón es sobre nosotros, no sobre otros. Y todo el trabajo del perdón es para abrir nuestros corazones. No para cambiar a nadie más. Es para reconocer que parte del problema es que llevamos a nuestras relaciones un corazón como el del Grinch –un corazón que es varias veces más pequeño– que nos hace más demandantes de lo que se requiere, que nos hace duros hacia los defectos de la gente a la que hemos elegido amar."

Las relaciones íntimas son únicas e importantes porque no sólo nos hemos comprometido a disfrutar de las cosas buenas de nuestra pareja. También nos hemos comprometido a aceptar las malas. Si no estamos dispuestos a aceptar eso, entonces "eso no es intimidad", como diría el Dr. Luskin: "La intimidad implica tomar lo que es placentero, pero eso no es gran cosa. La mayor parte de nosotros estamos dispuestos a tomar lo bueno de otra persona. Es rara la persona que va a elegir tomar lo desagradable de otro. Eso no significa que tengamos que sufrir abuso o malos tratos, pero en una relación íntima tenemos que aceptar a la persona entera." Nuestra elección en el matrimonio es aceptar todo lo que es la persona a la que nos comprometimos a amar, o bien sufrir las consecuencias de nuestra "falta de perdón".

De acuerdo con el Dr. Everett L. Worthington Jr., profesor de psicología y director de la Campaña para la Investigación del Perdón, la falta de perdón "es un estado emocional negativo en el que una persona ofendida mantiene sentimientos de resentimiento, hostilidad, ira y odio hacia otra persona que lo ha ofendido." La falta de perdón no sólo afecta la salud de una relación, también la salud de la persona que elige aferrarse a esas emociones negativas. Las investigaciones muestran que la falta de perdón tiene un efecto significativo en el bienestar físico, mental y espiritual de una persona.

Tal vez sea obvio que cuando se comete un abuso de manera repetida, esa persona todavía puede elegir perdonar, pero sanar será más difícil. El perdón no es la misma cosa que la confianza, y la confianza necesita tiempo para ganarse. Cada pareja también tiene que considerar lo que el Dr. Luskin llama los "saboteadores de tratos". Estas son ofensas que son tan graves que una persona no puede continuar en una relación. Por lo general, la mayor parte de las ofensas en el matrimonio no son "saboteadoras de tratos". Son frustraciones menores, irritaciones y defectos que vienen con la persona a la que amamos. Nos hemos comprometido a tomar lo bueno y lo malo, y tratar cada día de no dejar que lo malo nos aleje de lo mejor de nosotros.

Para esas ofensas que no rompen los tratos, tenemos una elección. Podemos perdonar y dejar que nuestra relación sane, o podemos aferrarnos al error y dejar que nos envenene. Pero si decidimos no perdonar, abrirá una brecha en la relación, separando a dos personas.

En verdad, las investigaciones sobre el tema confirman que una persona que continuamente está reviviendo pensamientos negativos y frustraciones, nunca perdonará ni dejará pasar las cosas, y va a contribuir a crear una espiral de distancia y aislamiento de la que tal vez no se pueda salir. El perdón puede cambiarlo todo.

Como seres humanos, podemos equivocarnos. Los errores, la frustración, los conflictos, las disculpas y el perdón son parte de tener una relación cercana. En el matrimonio, debemos estar dispuestos a salir adelante juntos, disculpándonos cuando estamos equivocados y perdonar cuando tenemos la oportunidad. "Lo siento" y "te perdono" suelen ir juntos. No debería ser tan difícil poder pronunciarlos, y definitivamente no significan que seas una persona mala o débil. No eres más fuerte o mejor por no disculparte o por no perdonar. Por lo general es casi siempre más difícil disculparse y perdonar que quedarse en silencio, enojado y sin ganas de nada más. Pero querer seguir adelante y dejar los errores en el pasado significa que le damos prioridad a los sentimientos de cariño en nuestro matrimonio sobre lo demás, incluso sobre tener razón. Como dice el Dr. Gunzburg: "Una disculpa honesta [y un corazón que perdona] es un pequeño regalo de amor. Dalo con generosidad cuando sea apropiado."

Acciones a realizar en dos minutos

(para completar una vez y repetir muchas veces)

- La próxima vez que tengas un conflicto con tu pareja, sé el primero en pedir disculpas. Recuerda que tu relación es más importante que estar en lo correcto.
- La próxima vez que tu cónyuge cometa un error, ten la disposición de perdonar sin reservas y sin guardar resentimiento.

Capítulo 10

¿Cómo me quieres? Algunas palabras sobre las diferencias

"Comparte las similitudes,
celebra las diferencias."

M. Scott Peck, escritor y psiquiatra estadounidense

Nadie ve el mundo de la misma manera. Todo lo que nos hace ser quienes somos afecta nuestra habilidad de amar y sentirnos amados. Si amamos a nuestra pareja de la manera como queremos ser amados, tal vez no estemos haciendo lo apropiado. Toma tiempo para explorar las necesidades únicas del otro, que tienen su raíz en las experiencias de la infancia, en diferencias de género, de lenguaje amoroso, de personalidad y pasión. Entender las necesidades individuales te ayudará a amar más efectivamente y apreciar a tu pareja.

Considera las experiencias infantiles

Nuestra historia afecta quiénes somos y cómo vemos el mundo. Tiene un impacto en cómo amamos y cómo nos sentimos amados, en lo que vemos como algo normal y por qué a veces sentimos dolor. Recordar nuestras experiencias infantiles, que son únicas, puede ayudarnos a entender mejor por qué hacemos las cosas que hacemos.

Ocasionalmente nuestro pasado puede tener un efecto adverso en las interacciones en nuestro matrimonio. De acuerdo con la Dra. Jamie Turndorf, estas cicatrices de la infancia pueden darnos problemas: 1. Falta de atención de los padres, lo que puede resultar en excesiva cercanía o en miedo a la intimidad; 2. Padres demasiado controladores, que puede resultar en un comportamiento también muy controlador o de falta de cooperación en la edad adulta; 3. Demasiada responsabilidad sin suficiente tiempo para jugar cuando era niño, lo que puede llevar a un comportamiento irresponsable o demasiado responsable en la edad adulta; 4. Falta de límites o de responsabilidad en la infancia, que lleva a un comportamiento inmaduro; 5. Experiencias de abuso verbal o físico en la infancia puede llevar a tener comportamientos o experiencias abusivas como adulto; 6. Sensación de que los padres han preferido a otro de los hermanos que puede llevar a mirar sólo un lado de las cosas o frustración sobre las diferencias de opinión. ¿Sientes que tu cónyuge es demasiado controlador? ¿Que se te cuelga demasiado? ¿Que es demasiado inmaduro? Mira hacia su pasado y trata de descubrir una explicación. Estar consciente de las experiencias de la infancia puede ayudar a las parejas a ser más tolerantes y comprensivas. Esa comprensión también puede ayudarte a trabajar hacia la curación.

Un amigo me explicó cómo entender las experiencias de infancia de su esposa también le ayudó a entenderla mejor como persona. "Nos estábamos quedando una vez con su familia, y nos íbamos a ir a la cama cuando le dijo a su madre desde el otro lado de la habitación 'Buenas noches'. Yo le pregunté: '¿Por qué no la abrazaste?' Para mí se sentía como que faltaba algo y que incluso había sido frío. Pero ella no pensó que fuera nada importante. Simplemente no creció de esa manera." Y siguió explicándole: "Cuando entiendes los años de crecimiento de tu pareja, es más fácil ser tolerante y apreciar las diferencias. La información es poder."

Busca oportunidades para hablar abiertamente sobre las experiencias de infancia (pero no de manera crítica o haciendo sentir culpa). Discutan sobre sus experiencias de infancia con tu pareja y habla sobre comportamientos que pueden recordarte las experiencias negativas de infancia. Exploren las necesidades no satisfechas de la infancia, y tomen tiempo para considerar cómo cada uno puede ser parte de la curación. Usa tu conocimiento sobre el pasado de tu pareja para tener más paciencia y comprensión en tiempos de conflicto y mostrar amor de la manera en que tu pareja lo necesita.

Considera las diferencias entre los hombres y las mujeres

Algunos terapeutas sugieren que los hombres y las mujeres son tan diferentes que es como estar en planetas distintos. Has visto a tu pareja y luego has pensado: "¿Qué demonios está haciendo?" o "¿Por qué no lo entiende?" Enfrentémoslo: los hombres y las mujeres hacen las cosas de manera distinta. Esto ya se ve claro incluso en la infancia. Scott y yo nos reímos a veces al ver las diferencias entre las maneras cómo interactúan nuestro hijo y nuestras hijas en el mundo. Para mi hijo, usualmente dejo unos pantalones y un par de camisas en el lavabo mientras se está bañando. Nunca ha pedido nada más. Para nuestras hijas, a veces tres elecciones distintas de vestuario sobre la cama no son suficientes. Luego de decidir finalmente lo que se van a poner, se cambian cinco minutos después. Nuestro hijo siempre se ha interesado más en los bloques de construcción y en los coches, mientras que ellas juegan a la familia utilizándolo todo, desde muñecas, hasta platos y cucharas. Yo solía pensar que todo era un estereotipo.

En el matrimonio, es importante entender algunas de las diferencias entre los hombres y las mujeres para que podamos ayudarnos a satisfacer nuestras necesidades. Algunas de las diferencias son biológicas. Algunas son resultado de la socialización. El Dr. Willard Harley es psicólogo clínico, nacionalmente reconocido, que ha estudiado por más de 30 años las necesidades que tienen las parejas casadas. En su estudio, el Dr. Harley ha encontrado que los hombres y las mujeres tienen necesidades significativamente distintas en lo que se refiere a sentirse amados.

Las investigaciones muestran que para los hombres en general las dos mayores necesidades reportadas son la intimidad física y la compañía recreativa. El aprecio de su esposa también es un factor esencial para que un hombre esté satisfecho con una relación. Si no se siente apreciado puede tener consecuencias dramáticas, de acuerdo con la terapeuta Jamie Turndorf, que dice: "Si le preguntas a un hombre por qué tiene una aventura, el 99 por ciento de los casos no es porque no esté teniendo suficiente sexo, sino porque no está recibiendo suficiente aprecio por parte de su esposa." (Eso no es para poner la culpa en los hombros de las mujeres. Pero es una correlación interesante, demostrando lo desesperada que es la necesidad del marido de sentirse valorado y apreciado.)

Los hombres también son particularmente sensibles a los sentimientos de vergüenza, de acuerdo con la Dra. Patricia Love y el Dr. Steven Stosney. Esa sensibilidad puede hacer que los hombres quieran alejarse de su esposa cuando ella está sugiriendo que él está haciendo algo incorrecto. Con frecuencia, mientras ella más trata de discutir sobre las áreas problemáticas de la relación, más se retrae él en lo que John Gottman ha llamado "el síndrome de acusar-y-retraerse". En pocas palabras, las investigaciones sugieren que un marido quiere más que nada tener la certeza de que su mujer tiene muy buen concepto de él y que quiere estar conectada con él.

Las mujeres, por otro lado, se sienten queridas mediante el afecto y las conversaciones íntimas. También son biológicamente más vulnerables que sus maridos al miedo a sentirse desconectadas. Tal vez ese miedo hace que, irónicamente, quieran tratar de hablar con su pareja sobre mejorar la relación, que puede ser incómodo para el marido, que interpreta su infelicidad como una crítica a sus habilidades para hacerse cargo de ella. Las mujeres simplemente quieren sentirse cuidadas y también emocionalmente cerca de su marido.

Entender estas diferentes necesidades y vulnerabilidades puede ayudar a los hombres y las mujeres a concentrarse en amar mejor a su pareja. Al satisfacer las necesidades del otro, tanto los hombres como las mujeres pueden ver a su vez satisfechas sus necesidades. Si las mujeres pueden entender y llenar la necesidad de aprecio, respeto, intimidad física y compañerismo de sus maridos, es más probable que su pareja sienta la necesidad de tener más intimidad emocional y sentirse conectado. Lo contrario también es cierto. Mientras un marido quiera ser más afectuoso y emocionalmente conectado con su mujer, más va ella a responder a sus necesidades.

Pregúntate y pregúntale a tu pareja cómo es que cada uno se siente amado. Puede ser que entren dentro de lo que muestran las investigaciones, o que puedan ser distintos. Usa esta información como punto de partida para descubrir más sobre tu relación. Lo que importa más es tener el deseo de satisfacer las necesidades del otro, incluso si esas necesidades son diferentes de las tuyas.

Considera los lenguajes amorosos

¿Alguna vez has considerado cómo es que tu pareja se siente amada? ¿Tu esposa se ilumina cuando tú lavas los platos después de la cena? ¿Le gusta a tu marido que lo sorprendas con un beso? ¿La solicitud más importante de tu esposa es que pasen más tiempo juntos? ¿Alguna vez te has puesto a pensar si tu pareja siente el amor de manera distinta de cómo lo sientes tú? De acuerdo con el consejero matrimonial, el Dr. Gary Chapman, igual que a lo largo del mundo mucha gente habla diferentes lenguas, también la gente siente el amor de diferentes maneras. Si no estamos hablando el lenguaje amoroso adecuado, todos nuestros esfuerzos pueden fallar. Es esencial que sepas qué lenguaje amoroso debes usar para hacer sentir a tu pareja amada. Estos son los cinco lenguajes amorosos, según el Dr. Chapman:

1. Palabras de afirmación (palabras de alabanza, respeto y gratitud).
2. Actos de servicio (hacer cosas amables para ayudar y servir a tu pareja).
3. Recibir regalos (traer a casa una sorpresa para tu pareja).
4. Tiempo de calidad (pasar tiempo hablando y haciendo actividades juntos).
5. Contacto físico (cercanía física, incluyendo masajes, abrazos, besos, tomarse de las manos e intimidad física).

Uno de mis conferenciantes favoritos, John Bytheway, describió cuando entendió que ni él ni su mujer hablaban el mismo lenguaje amoroso. Él había estado llevando el coche de ella regularmente a lavar, porque a él le gusta mucho tener un coche limpio. A él le hubiera encantado que ella lo hubiera hecho por él. Fue poco tiempo después que realmente todo se aclaró: aunque ella apreciaba sus esfuerzos, lo que en realidad quería eran flores.

Yo, como muchos de nosotros, respondo bien a todos los lenguajes amorosos. Me encanta cuando Scott me trae flores, me encanta pasar tiempo juntos, oír palabras cariñosas y el contacto físico. Todas esas cosas son maravillosas oportunidades para profundizar en nuestra conexión y fortalecer nuestro afecto. Pero cuando me siento más amada es cuando Scott lava los platos, hace la cena o me ayuda con los niños. Los actos de servicio me hacen derretirme como ninguna otra cosa. Considera la diferencia entre que Scott sepa lo que todo esto significa para mí y que no lo sepa. Saber cómo me gusta cuando se pone el delantal le permite disfrutar a sabiendas que me está ofreciendo ese placer (y disfrutar haciendo razonablemente algo, tanto como alguien puede disfrutar lavar los platos).

Todos podemos hacernos un favor si nos sentamos con nuestra pareja y entendemos algunas cosas. Hablen. Escúchense. Exploren. ¿Cómo se siente cada uno amado? ¿Cuando tu pareja te da las gracias o cuando te dice lo mucho que te ama? ¿O te gusta cuando tu pareja hace algo amable por ti? ¿Qué tal cuando trae a casa una pequeña sorpresa para ti? ¿Tomar tiempo juntos es lo que te hace sentir amado? ¿O es cuando te da un masaje de espalda? Averigua lo que le gusta más a cada uno y entonces utilicen ese lenguaje regularmente.

Considera las pasiones y las personalidades

Dos áreas en las que los miembros de la pareja pueden ser tan diferentes como la noche y el día son sus pasiones y sus personalidades. Toma un momento para pensar en cómo eres diferente de tu esposo o de tu esposa en tus gustos, disgustos, intereses, tendencias, fuerzas y debilidades. Al reconocer lo diferentes que son puede ayudar a que se comprendan uno al otro mejor. Por ejemplo, Scott es un extrovertido absoluto, al que le gustan las fiestas y conocer nuevas personas. Yo prefiero quedarme en casa con un buen libro. Él se levanta temprano y a mí me gusta quedarme más tarde en la cama. Sus vacaciones soñadas son llevar a su familia a ver una serie de parques nacionales en un *camper*. Las mías se pueden resumir en cuatro palabras: casa en la playa. Podemos dejar que nuestras diferencias nos irriten y nos separen, o podemos disfrutar la diversidad en nuestro matrimonio, dejándonos tener nuevas perspectivas y tratar nuevas cosas.

Una manera de aprender más sobre las diferencias en tus personalidades e intereses es poder tener una conversación sobre ellos. Si no lo sabes todavía, pregúntale: ¿el mar o las montañas?, ¿animal social o ratón de biblioteca?, ¿tomas riesgos o vas a lo seguro?, ¿moderno o tradicional?, ¿lechuza nocturna o pájaro madrugador?, ¿adicto al trabajo o espíritu libre?, ¿racional o emocional? Hablen de todo lo que se les ocurra. Pueden sorprenderse al enterarse de cosas que no sabían antes.

Vayan un paso más allá y resuelvan un test de personalidad por internet. Hay muchos disponibles, incluyendo el test del color, el de Myers-Briggs, el de los Cinco Grandes y un estudio llamado Evaluación de la Personalidad de la Apertura Sintética (SAPA). Mi test favorito para aplicarlo en las relaciones es el test de tipología de Jung, que se basa en cuatro dicotomías de personalidad: introversión/extroversión, intuición/sensación, pensamiento/sentimiento y juicio/percepción. El resultado del test es un código de cuatro letras que describe al participante de acuerdo con 16 tipos de personalidad diferentes. Puedes usar este test para descubrir más sobre ti y las áreas donde tu pareja y tu son diferentes (hay incluso un análisis matrimonial que puede hacerse de manera opcional si se paga una pequeña cantidad, que permite encontrar la zona de conflicto potencial de acuerdo con los reportes de personalidad). Un test gratuito (en inglés) está disponible en www.humanmetrics.com

Las diferencias son una parte de la vida. Le dan variedad y hacen que las cosas sigan siendo interesantes. Nadie quiere una caja de crayones de un color, ¿no es cierto? Seguro, la vida sería más fácil si fuéramos exactamente iguales a nuestra pareja. Pero lo "fácil" no hace necesariamente que el matrimonio sea más satisfactorio. Celebra las diferencias y busca la comprensión cuando esas diferencias causen conflictos. Recuerda, esos son por lo general los momentos en los que tenemos la oportunidad de crecer al tratar de experimentar el mundo, poniéndonos en los zapatos de otra persona.

Acciones a realizar en dos minutos

(para completar una vez y repetir muchas veces)

● Pregúntate y pregunta a tu pareja: ¿Cómo te sentías más amado cuando estabas creciendo? ¿Hubo algún tipo de afecto o interacción que no recibiste de tus padres y que te hubiera gustado tener (por ejemplo, más voluntad de ser escuchado, o más tiempo juntos, más reglas o estructura, más tiempo libre para jugar y ser un niño)?

● Para entender mejor las necesidades de ambos, pregúntate a ti y a tu pareja en cuáles de estas diez maneras te sientes más amado (del Dr. William Harley, *Las necesidades de él, las necesidades de ella* [*His Needs, Her Needs*]), y asegúrate de amar a tu pareja con esas necesidades en mente:

1. Afecto (amabilidad y cercanía emocional)
2. Conversación íntima
3. Intimidad física
4. Compañía recreativa
5. Honestidad y apertura
6. Una pareja atractiva
7. Apoyo doméstico (tener algo de ayuda en casa)
8. Compromiso financiero (recibir apoyo económico)
9. Admiración
10. Compromiso de familia

● Pregúntate y a tu pareja cuáles de estos puntos describen mejor el lenguaje amoroso (del Dr. Gary Chapman, *Los cinco lenguajes amorosos* [*The Five Love Languages*]), y asegúrate de que puedan hablar con frecuencia esa lengua:

1. Palabras de afirmación (expresiones de amor y gratitud)
2. Tiempo juntos
3. Actos de servicio
4. Regalos
5. Contacto físico

● Discute con tu pareja cómo sus intereses y sus personalidades pueden ser diferentes. Consideren hacer un test de personalidad. Pregúntense cómo reconocer sus diferencias puede ayudarlos a entenderse mejor y apreciarse más uno al otro.

● Comprométete a amar a tu esposo o esposa en muchas diferentes maneras cada día, centrándote especialmente en las maneras que él o ella prefieren más, y en ser tolerante en áreas en donde difieren.

Capítulo 11

Sigue adelante: amar es un verbo

"El 'secreto' de amar es amar: mientras más demos de esa inmensa y poderosa fuerza llamada Amor, más regresa a iluminar tus días con esperanza, con un gozo sencillo y con la posibilidad de maravillarse con un corazón feliz."

Margie Lapanja, escritora estadounidense

Encontrar a la persona a la que quieres amar es un verdadero regalo. Como muchas cosas valiosas en la vida, la recompensa de una unión duradera y gozosa no viene sin esfuerzo. Poder permanecer enamorado requiere pagar el precio de un compromiso y de una acción deliberada. Con un millón de fuerzas desviando nuestra atención en otras direcciones, tenemos que luchar por favorecer la relación que más nos importa. Pero si podemos comprometernos para amar a nuestra pareja de maneras pequeñas, en las duras y las maduras todos los días de nuestro matrimonio, entonces podemos tener todo lo que hemos deseado a partir del momento que dijimos: "Sí quiero".

En el matrimonio, amar es más que un sentimiento. Amar es un verbo. Un acto aislado de amor aquí y allá no tiene mucho efecto. Muchos pequeños actos cada día pueden mantenerlos conectados. Los esfuerzos que haces para mostrar amor, respeto y gratitud con tu pareja cada día, a lo largo de semanas, meses y años, pueden hacer la diferencia entre dos personas desconectadas que viven bajo un mismo techo, y en la afectuosa unión de dos mejores amigos, amantes y almas gemelas. Mientras más podamos hacer estas conexiones amorosas y positivas con nuestra pareja, mejor. En verdad, las investigaciones muestran que en los matrimonios felices, las parejas tienen cinco veces más interacciones positivas que negativas. El libro que ahora tienes en tus manos está lleno de maneras simples de crear esas interacciones cariñosas.

Siempre es posible encontrar maneras de conectar, incluso cuando todo el mundo está ocupado y el tiempo es escaso. Piensa en un matrimonio donde el esposo trabaja muchas horas, pero él y su esposa todavía encuentran maneras sencillas de mostrar su amor. Como escribe el experto matrimonial John Gottman: "Cuando [Olivia] tiene una cita con el médico, [Nathaniel] recuerda llamar para preguntar cómo le fue. Cuándo él tiene una cita con un cliente importante, ella también lo contacta para saber el resultado. Cuando hay pollo para cenar, ella le da las dos piernas porque sabe que es lo que a él más le gusta. Cuando él hace *hot cakes* de moras azules para los niños el sábado por la mañana, deja las moras fuera de los de ella porque sabe que no le gustan." El Dr. Gottman hace un resumen de la importancia de estos pequeños gestos: "Si todo esto suena monótono y poco romántico, es más bien todo lo contrario. A través de maneras pequeñas pero importantes, Olivia y Nathaniel mantienen su amistad que es el cimiento de su amor. Como resultado, tienen un matrimonio que es más apasionado que el de las parejas que llenan sus vidas con vacaciones y lujosos regalos de aniversario, pero que han dejado de estar en contacto en su vida diaria." En realidad son las pequeñas y simples cosas cotidianas las que nos mantienen enamorados.

Piensa en todo lo que tu matrimonio tiene que ofrecerte: alguien con quien reír; alguien con quien compartir secretos; alguien para compartir penas; alguien para mirar hacia el futuro; tal vez alguien con el que experimentar todas las alegrías de tener hijos y nietos; alguien con quien envejecer, con quien viajar y con quien vivir la vida; alguien a quien amar, alguien que a su vez se ame. Puede que no sea fácil, pero como explica el Dr. John Jacobs, vale mucho la pena: "Mi trabajo de más de veinte años como terapeuta matrimonial me ha enseñado que un buen matrimonio, un matrimonio que apoya y gratifica a los dos cónyuges, es más difícil de lograr y mantener que lo que la gente cree. Sin embargo, si estás dispuesto a trabajar concienzudamente y con continuidad para tener una relación amorosa, puedes lograrlo y encontrarás que forma parte de los mayores logros de la vida adulta."

Haz un pequeño esfuerzo por realizar estos sencillos secretos. Nunca te arrepentirás de los momentos que le dedicaste a tu matrimonio.

La otra noche, Scott se fue a la cama temprano después de haberse desvelado trabajando la noche anterior. Yo estaba en la computadora cuando descubrí que él había dejado las botellas de sus batidos de proteínas en la repisa de la cocina. Mi primer pensamiento fue: "¿Es tan difícil ponerlas en el lavaplatos?" Mi siguiente pensamiento fue: "Bueno, ésta es una oportunidad." Apagué la computadora, enjuagué las botellas y las puse en el lavaplatos para que pudieran estar listas para él en la mañana. Sabía que él apreciaría el detalle. Subí las escaleras para ir al baño. Cuando tomé mi cepillo de dientes, me di cuenta de que él lo había dejado listo en el lavabo, con todo y pasta. Sonreí, sabiendo que Scott lo había dejado ahí para mí. Me lavé los dientes, apagué las luces y me deslicé en la cama junto a él. Él simplemente dejó caer su brazo sobre mí, y me llevó hacia él. Cerré los ojos y pensé: "Tal vez esto es de lo que se trata todo. Para permanecer enamorado no se requiere saber ingeniería aeronáutica. Tan sólo es esto. Si quieres permanecer enamorado… entonces sigue amando."

Fuentes

Prefacio

Bruess, Carol J. y Anna Kudak, D.H., *What Happy Couples Do: Belly Button Fuzz & Bare-Chested Hugs*, Minneapolis, MN, Fairview Press, 2008.

Gottmann, John y Julie Gottman, *10 Lessons to Transform Your Marriage: America's Love Lab Experts Share Their Strategies for Strengthening Your Relationships*, Nueva York, Crown Publishers, 2006.

Jacobs, John W., *All You Need is Love & Other Lies about Marriage: How to Save Your Marriage Before It's Too Late*, Nueva York, Harper Collins, 2004.

Parker-Pope, Tara, *For Better: The Science of a Good Marriage*, Nueva York, Penguin Group, 2010.

Gottmann, John y Julie Gottman, *10 Lessons to Transform Your Marriage: America's Love Lab Experts Share Their Strategies for Strengthening Your Relationships*, Nueva York, Crown Publishers, 2006.

Capítulo 1

Coontz, Stephanie, *Marriage, a History: How Love Conquered Marriage*, Nueva York, Penguin Books, 2006.

Fetsch, R. J. y B. Jacobson, "Dealing with Couples' Anger." Modificado la última vez 29 de abril de 2013: http:// www.ext.colostate.edu/ pubs/consumer/10238.html

Gottman, John y Robert Levenson, "The Timing of Divorce: Predicting When a Couple Will Divorce Over a 14 Year Period" *Journal of Marriage and the Family 62*, agosto 2000, pp. 737-745. http:// ist-socrates.berkeley.edu/-ucbpl/docs/61-Timing%20of%20Divorce00.pdf.

Gottmann, John y Julie Gottman, *10 Lessons to Transform Your Marriage: America's Love Lab Experts Share Their Strategies for Strengthening Your Relationships*, Nueva York, Crown Publishers, 2006.

Haag, Pamela, *Marriage Confidential: The Post-Romantic Age of Workhorse Wives, Royal Children, Undersexed Spouses, and Rebel Couple Who Are Rewriting the Rules*, Nueva York, Harper, 2011.

Hendrix, Harville y Helen LaKelly Hunt, *Making Marriage Simple*, Nueva York, Crown Publishers, 2013.

Jacobs, John W., *All You Need is Love & Other Lies about Marriage: How to Save Your Marriage Before It's Too Late*, Nueva York, Harper Collins, 2004.

Lyubormirsky, Sonja, *The Myths of Happiness: What Should Make You Happy But Doesn't; What Shouldn't Make You Happy But Does*, Nueva York, Penguin Group, 2013.

Parker-Pope, Tara, *For Better: The Science of a Good Marriage*, Nueva York, Penguin Group, 2010.

Streisand Barbara y Bryan Adams, "I Finally Found Someone", 1996. Brody, Jane, "That Loving Feeling Takes a Lot of Work". *New York Times Blogs*. http://well.blogs.nytimes.com/2013/01/14/that-loving-feeling-takes-a-lot-of-work.

Capítulo 2

Bruess, Carol J. y Anna Kudak, D.H., *What Happy Couples Do: Belly Button Fuzz & Bare-Chested Hugs*, Minneapolis, MN, Fairview Press, 2008.

Hallowell, Edward M. y Sue George Hallowell, *Married to Distraction: Restoring Intimacy and Strengthening Your Marriage in an Age of Interruption*, Nueva York, Ballantine Books, 2010.

How to Lose a Guy in Ten Days, Dir. Donald Petrie, 2003, Paramount Pictures.

Parker-Pope, Tara, *For Better: The Science of a Good Marriage*, Nueva York, Penguin Group, 2010.

Capítulo 3

Bruess, Carol J. y Anna Kudak, D.H., *What Happy Couples Do: Belly Button Fuzz & Bare-Chested Hugs*, Minneapolis, MN: Fairview Press, 2008.

Emmons, Robert, *Thanks! How the New Science of Gratitude Can Make You Happier*, Boston, Houghton Mifflin, 2007.

Gottmann, John y Julie Gottman, *10 Lessons to Transform Your Marriage: America's Love Lab Experts Share Their Strategies for Strengthening Your Relationships*, Nueva York. Crown Publishers, 2006.

Gottman, John y Nan Silver, *The Seven Principles for Making Marriage Work*, Nueva York, Crown Publishing, 2000.

Gunzberg, Frank, "Attitude is Everything", 1999. www.marriage-coounselor.com/attitude-is-everything.

Happy. Dir. Roko Belic, 2011, Wadi rum Films.

Rosenthal, R. & Jacobson, L., *Pygmalion in the Classroom*, Nueva York, Holt, Rinehart & Winston, 1968.

Seligman, Martin, *Authentic Happiness: Using the New Positive Psychology to Realize Your Potential for Lasting Fulfillment*, Nueva York, Atria Books, 2004.

Capítulo 4

Bruess, Carol J. y Anna Kudak, D.H., *What Happy Couples Do: Belly Button Fuzz & Bare-Chested Hugs*, Minneapolis, MN, Fairview Press, 2008.

Burns, Jim, *Creating an Intimate Marriage*, Minneapolis, MN, Bethany House Publishers, 2008.

Ganesan, P.C., *Winners Make it Happen*, Tamil Nadu, India, Sura Books, 2010.

Gottman, John y Nan Silver, *The Seven Principles for Making Marriage Work*, Nueva York, Crown Publishing, 2000.

Heitler, Susan, *The Power of Two: Secrets to a Strong and Loving Marriage*, Oakland, New Harbinger Publications, 1997.

Hendrix, Harville y Helen LaKelly Hunt, *Making Marriage Simple*, Nueva York, Crown Publishers, 2013.

Kowal, Elizabeth, "Oxytocin, the Love Hormone, Has Health Benefits for Both Genders", *Health & Fitness*, 24 de octubre de 2009. http://www.examiner.com/article/oxytocin-the-love-hormone-has-health-benefits-for-both-genders.

The Mirror Has Two Faces, Dir. Barbra Streisand, 1996, TriStar Pictures.

Parker-Pope, Tara, *For Better: The Science of a Good Marriage*, Nueva York, Penguin Group, 2010.

Capítulo 5

Adams, Amy, "How Does She Know?", *Enchanted*, 2007.

Adams, Bryan, "(Everything I Do) I Do It for You", 1991.

Baumgardner, Julie, "The Power of Prayer in Marriage", *First Things First*, http://firstthings.org/the-power-of-prayer-in-marriage.

Brimhall, Andrew, "Benefits of Couple Prayer", *Forever Families*, http://foreverfamilies.bry.edu/Arcile.aspx?a=10.

Bruess, Carol J. y Anna Kudak, D.H., *What Happy Couples Do: Belly Button Fuzz & Bare-Chested Hugs*, Minneapolis, MN, Fairview Press, 2008.

Chapman, Gary, *The Five Love Languages*, Chicago, IL, Northfield Publishing, 2010.

Dr. Seuss, *The Sneeches and Other Stories*, "The Zax", Nueva York, Random House, 1961.

Gottman, John y Nan Silver, *The Seven Principles for Making Marriage Work*, Nueva York, Crown Publishing, 2000.

Gottman, John y Robert Levenson, "The Timing of Divorce: Predicting When a Couple Will Divorce Over a 14 Year Period", *Journal of Marriage and the Family 62*, agosto 2000, pp. 737-745. http://ist-socrates.berkeley.edu/-ucbpl/docs/61-Timing%20of%20Divorce00.pdf.

Gottmann, John y Julie Gottman, *10 Lessons to Transform Your Marriage: America's Love Lab Experts Share Their Strategies for Strengthening Your Relationships*, Nueva York, Crown Publishers, 2006.

Gottman, John y Nan Silver, *The Seven Principles for Making Marriage Work*, Nueva York, Crown Publishing, 2000.

Klein, Wendy, Carolina Izquierdo y Thomas Bradbury, "The Difference Between a Happy Marriage and a Miserable One: Chores", *The Atlantic*, 1° de marzo de 2013, http://www.theatlantic.com/sexes/archive/2013/03/the-difference-between-a-happy-marriage-and-miserable-one-chores/273615/.

Lyubormirsky, Sonja, *The Myths of Happiness: What Should Make You Happy But Doesn't; What Shouldn't Make You Happy But Does*, Nueva York, Penguin Group, 2013.

Parrot, Les y Leslie, *Saving Your Marriage Before It Starts: Seven Questions to Ask Before and After You Marry*, Grands Rapids, MI, Zondervan, 2006.

Capítulo 6

Allred, Hugh G., *How to Strengthen Your Marriage and Family*, Provo, UT, Brinham Young University Press, 1976.

Burns, Jim, *Creating an Intimate Marriage*, Minneapolis, MN, Bethany House Publishers, 2006.

Dineen, Cari Wira, "The Hidden Health Benefits of Sex", *Women's Health Magazine*, 15 de octubre de 2013. http://www.womenshealthmag.com/health/health-benefits-of-sex.

Gottman, John y Nan Silver, *The Seven Principles for Making Marriage Work*, Nueva York, Crown Publishing, 2000.

Harley, Jr., Willard F. *His Needs, Her Needs: Building an Affair-Proof Marriage*, Grands Rapids, MI, Baker Publishing Group, 2001.

Hendrix, Harville y Helen LaKelly Hunt, *Making Marriage Simple*, Nueva York, Crown Publishers, 2013.

Lyubormirsky, Sonja, *The Myths of Happiness: What Should Make You Happy But Doesn't; What Shouldn't Make You Happy But Does*, Nueva York, Penguin Group, 2013.

Schnarch, David, *Intimacy and Desire: Awaken the Passion in Your Relationship*, Nueva York, Beaufort Books, 2009.

Capítulo 7

Chapman, Gary, *The Five Love Languages*, Chicago, Il, Northfield Publishing, 2010.

Covey, Stephen R., *The 7 Habits of Highly Effective People: Powerful Lessons in Personal Change*, Nueva York, Fireside, 1989.

Gottmann, John y Julie Gottman, *10 Lessons to Transform Your Marriage: America's Love Lab Experts Share Their Strategies for Strengthening Your Relationships*, Nueva York, Crown Publishers, 2006.

Gottman, John y Nan Silver, *The Seven Principles for Making Marriage Work*, Nueva York, Crown Publishing, 2000.

Gray, John, *Men are from Mars, Women are from Venus: The Classic Guide to Understanding the Opposite Sex*, Nueva York, Harper Collins, 1992.

Love, Patricia y Steven Stosny, *How to Improve Your Marriage Without Talking About It. Finding Love Beyond Words*, Nueva York, Broadway Books, 2007.

Parker-Pope, Tara, *For Better: The Science of a Good Marriage*, Nueva York, Penguin Group, 2010.

Patterson, Kerry, Joseph Grenny, Ron McMillan y Al Switzler, *Crucial Conversations*, Nueva York, McGraw-Hill, 2002.

Real, Terrence, *The New Rules of Marriage: A Breakthrough Program For 21st-Century Relationships*, Nueva York, Ballantine Books, 2007.

Turndorf, Jamie, *Till Death Do Us Part (Unless I Kill You First): A Step-By-Step Guide for Resolving Relationship Conflict*, Charleston, SC, BookSurge Publishing, 2009.

Capítulo 8

Father of the Bride, Dir. Charles Shyer, 1991, Sandollar Productions.

Gottman, John, *Why Marriages Succeed or Fall... And How You Can Make Yours Last*, Nueva York, NY, Simon & Schuster, 1995.

Gottman, John y Nan Silver, *The Seven Principles for Making Marriage Work*, Nueva York, Crown Publishing, 2000.

Harley, Jr., Willard F., *His Needs, Her Needs: Building an Affair-Proof Marriage*, Grands Rapids, MI, Baker Publishing Group, 2001.

Turndorf, Jamie, *Till Death Do Us Part (Unless I Kill You First): A Step-By-Step Guide for Resolving Relationship Conflict*, Charleston, SC, BookSurge Publishing, 2009.

Capítulo 9

Gottmann, John y Julie Gottman, *10 Lessons to Transform Your Marriage: America's Love Lab Experts Share Their Strategies for Strengthening Your Relationships*, Nueva York, Crown Publishers, 2006.

Gunzberg, Frank, "Apologyze already", 1999, www.marriage-counselor-doctor.com/apologize-already.

Heitler, Susan, *The Power of Two: Secrets to a Strong and Loving Marriage*, Oakland, New Harbinger Publications, 1997.

Henrie, Jessica, "Father relies on faith to forgive intoxicated teen driver", *Deseret News*, 1° de agosto de 2012, http://www.deseretnews.com/article/865559847/Let-It-Go-Chris-Williams-share-his-story-of-tragedy-and-forgiveness.html?pg=all.

Luskin, Fred, "Fred Luskin on Overcoming the Pain of Intimacy", *Greater Good: The Science of a Meaningful Life*, 11 de febrero de 2012, http://greatergood.berkeley.edu/article/item/fred_luskin_on_overcoming_the_pain_of_intimacy.

Shapiro, Dana Adam, *You Can Be Right or You Can Be Married*, Nueva York, Simon & Schuster, 2012.

Worthington, Everett L, "The New Science of Forgiveness", *Greater Good: The Science of a Meaningful Life*, 1° de septiembre de

2004, http://greatergood.berkeley.edu/article/item/the_new_
science_of_forgiveness.

Capítulo 10

Bytheway, John, *5 Things You Can Do Today to Bless Your Marriage*,
Salt Lake City, UT, Deseret Book, 2010.

Chapman, Gary, The *Five Love Languages*, Chicago, Il, Northfield Publishing, 2010.

Harley, Jr., Willard F., *His Needs, Her Needs: Building an Affair-Proof
Marriage*, Grands Rapids, MI, Baker Publishing Group, 2001.

Love, Patricia y Steven Stosny, *How to Improve Your Marriage Without
Talking About It. Finding Love Beyond Words*, Nueva York, Broadway Books, 2007.

Turndorf, Jamie, *Till Death Do Us Part (Unless I Kill You First): A Step-
By-Step Guide for Resolving Relationship Conflict*, Charleston,
SC, BookSurge Publishing, 2009.

Capítulo 11

Gottman, John, *Why Marriages Succeed or Fall... And How You Can
Make Yours Last*, Nueva York, NY, Simon & Schuster, 1995.

Gottman, John y Nan Silver, *The Seven Principles for Making Marriage
Work*, Nueva York, Crown Publishing, 2000.

Jacobs, John W., *All You Need is Love & Other Lies about Marriage:
How to Save Your Marriage Before It's Too Late*, Nueva York,
Harper Collins, 2004.

Salva tu matrimonio en 2 minutos, de Heidi Poelman
se terminó de imprimir en febrero de 2015
en los talleres de Litográfica Ingramex, S.A. de C.V.
Centeno 162-1, Col. Granjas Esmeralda,
C.P. 09810, México, D.F.